文學叢刊之五十八

海兮

張放著

文史哲出版社印行

國立中央圖書館出版品預行編目資料

海兮 / 張放著. -- 初版. -- 臺北市：文史哲，民85
面； 公分. -- (文學叢刊；58)
ISBN 957-547-990-4(平裝)

857.7 84014030

⑱ 文學叢刊

海兮

著者：張放
出版者：文史哲出版社
登記證字號：行政院新聞局局版臺業字五三三七號
發行人：彭正雄
發行所：文史哲出版社
印刷者：文史哲出版社
台北市羅斯福路一段七十二巷四號
郵撥〇五一二八八一二彭正雄帳戶
電話：三五一一〇二八

實價新台幣三〇〇元

中華民國八十五年一月初版

ISBN 957-547-990-4

自序

早年在澎湖住過的人，都知道風季出門非常困難，走在路上，風吹得你無法前進。若用豫劇中一句滑稽戲詞形容，最為貼切：「走兩步退兩步等於不走」。強風有時捲起飛沙煙塵，走路幾乎難以睜開眼睛。那風聲如歌如誦、如泣如訴、如哭如嚎，你幻想誰和你說話就是誰和你說話。

亞洲大陸北方氣溫低，每年深秋過後凝聚的冷氣團，一波一波朝東南方移動。空氣因流動而成為強風。強風掠過台灣海峽之間的澎湖群島，使六十四個島嶼的農作物造成嚴重損害。尤其是冬季，想吃新鮮蔬菜實在困難。一九四九年我到澎湖，冬季常吃的是粉條煮南瓜、黃豆燉肉。

澎湖風季大抵從中秋節後開始，直到翌年三月。約有一百三十八日。風季使澎湖的婦女變成蒙面女俠；風季使田野間用硓砧石砌成蜂窩式的防風牆；風季的海島風景壯觀，海峽的浪花湧泛出百合怒放的大地。

我小時候沒見過海洋，只是在圖片、電影或歌曲中認識海洋的浩瀚澎湃景象。

初抵澎湖，只要看見白浪滔滔的畫面，我便哼起小時在濟南學的一首歌：

呼呼呼呼，
潮漲起海風；
澎澎澎澎，
風狂浪濤湧。
前浪推來，後浪追蹤，
奔馳勢洶洶。
一波掀起，
直立如高峰；
一波伏下，
水底現蛟龍。
浪來浪去，拍著兩岸，
澎澎澎！

雖然海島生活寂寞，我仍覺新鮮有趣。少年不識愁滋味，每逢假日，常和幾個愛好文學的朋友，在海邊喝米酒、嚼花生米，談最近上演的柯靈舞台劇《夜店》，談歷史劇的創作方向；有時因意見不同發生激辯，甚至吵得面紅耳赤。年輕時的幼稚病，回憶起來十分有趣。如今這些文學朋友有的病逝，有的住在台灣，有的還住

自序

在風沙料峭的澎湖群島。四十多年在歷史的長河是短暫的剎那，但它在一個人的生命里程卻佔有重要的時空位置。我每逢看見浩瀚無涯的大海，總會想起那些當年在澎湖的星流雲散的朋友。

記得公演《夜店》是在冬天的晚上。這齣話劇是蘇聯作家高爾基劇本《下層》改編的。一九四九年三月我隨山東流亡學生路過湖南衡陽，曾看過《夜店》故事片。演員有童芷苓、石揮、張伐、石羽等人。某部政工隊演出前曾對劇本作了部分刪改。當時劇本從送審到公演僅有二十多日，演出後效果不錯。一位演員卸妝時對我說：「我演了七八年戲，只有演《夜店》過癮。」誰料公演三天，宣布禁演。我非常驚愕。客觀評論禁演此戲，也不能責備主管人員矯枉過正。當時既喊出「反共抗俄」口號，我們不適宜採用這個蘇聯作家劇本，它含有為勞動人民訴苦，對剝削階級高利貸者和囤積商鞭笞與抨擊的主題。但話說回來，凡看過《夜店》的觀眾，包括工人、店員、軍官和戰士，並沒有受到負面的政治影響。甚至還有不少觀眾感動地說：「這兩年台灣實施耕者有其田，就是為了改善窮人的生活。」

那時我未滿二十歲，是一個文學小青年。偶爾在報刊發表一二篇散文，便喜不自禁，掏出僅有的一點微薄工資請文學朋友下小館、看電影，渡海去離島游山玩水。當時後面有不少人指指戳戳，撇嘴冷笑：「這是一群神經病！」

寫文藝、演話劇在達官政客心目中是邪門歪道，不登大雅之堂。在一般人的觀念，男女戲子生活浪漫，台上談情說愛，台下摟在一起啃嘴、鑽防空洞野合。每次演戲，總有一些無聊的人私下議論：哪個女的跟誰睡過，哪個男的日過哪個女的。言之鑿鑿，好像他們曾親眼目睹一樣。若是翻譯給外國文藝工作者聽，他們不笑得岔氣才怪。

早在一六二二年，荷蘭殖民主義者在澎湖建立軍事基地。英勇的澎湖漁民並不屈服，僅在一年時間，荷蘭強盜便被我同胞趕走，竄至台灣西南沿海。澎湖群島魚產豐富，鰹、鯊魚、鯖、鮪、槍魚、沙丁魚，以及貝殼類最多。漁民人數約佔百分之八十以上，所以西班牙殖民主義者曾將澎湖稱作 Pescadores，意即「漁民」。島上土壤貧瘠，缺少水源，農作物僅有甘薯、花生。遇到強烈的風季，若船隻不能在海上航行，澎湖則會發生物資匱乏的難題。

四十多年前從廣州搭濟和號貨輪來澎湖的八千多名山東流亡學生，編成兩個步兵團。水土不服，營養不良，僅是患痢疾死亡者就有五十餘人。其他夜盲症、關節炎、皮膚病也很普遍。防區司令李振清曾指示那些領導學生兵的幹部，副食品應多買雞蛋和鮮魚。他常以濃重的山東臨清口音，講順口溜：「身體強壯能走道兒，體格強健不花眼，多吃雞子兒（雞蛋）多吃魚。」一年後，長白師範學院師生從海南島渡海到了澎湖，有關單位指定他們住進停泊馬公外海的一艘報廢的華陽艦。有一天，我去看望一位朋友，竟然驚動了軍憲警聯合稽查處，派了多名幹員跟蹤，唯恐我有不軌行為。我只在華陽艦吃了一頓午餐。聽長白師院學生唱歌解愁，我卻不禁熱淚盈眶。

遼河的水呀松花江的浪，

一樣的遙遠一樣的長。

孩子們呀孩子們呀，

母親在呼喚你……

後來，幹員大抵見我面黃肌瘦，手無寸鐵，褲袋掖著一冊剛出版的《野風》雜誌，鬆了一口氣。事後獲悉，當時一位好心眼的幹員還怕我蹈海自殺。

其實我決不會自殺，那是懦弱的表現。當時我對於戲劇有一股濃烈的感情。馬驪珠、李環春、李桐春，其至台北來的顧正秋、張正芬演京劇，每場必看；駐澎部隊、工廠演話劇我是基本觀衆。有時還在馬公《建國日報》寫劇評文章，而且還有點名氣，說出來不覺臉紅。

有位山東蓬萊籍業餘話劇演員C和我甚好，他的演技、演員修養水準高，通讀過《斯坦尼拉夫斯基表演體系》，從理論到實踐都不錯。在無數月黑風高夜，他和我吸著紙煙，坐在海岸流淚，談文學、談理想。C表示懊悔跑來這座荒島，像蘇武牧羊，有家歸不得。我勸他放棄這種不切實際的想法，要向前看，先將自己鍛鍊成有用的材料，如易卜生所言，那才會對社會人群作出貢獻。

不久，C患了失語症，成了啞巴。

部隊領導官員開會研究，如何使這個偽裝的啞巴說話。因為任何人也難相信演員成為啞巴。我忝為C的朋友，也被勒令到會場參加討論。一位名叫王清風的無錫籍軍醫，首先提出病因，這種病是大腦言語中樞病變引起的言語功能障礙，分為運動性失語和感覺性失語兩類：運動性失語表現為不能說話，或說話有錯句、錯音等，但能聽懂別人的語言；感覺性失語表現是對別人的說話完全或部分不能理解，但自己有說話的能力……這時，一位首長唬地站起來，不耐煩地說：「該下課了吧？咹，王醫官，今天開會目的，是怎麼樣讓假啞巴說話？用文的，咹，還是用武的，蔣主任有句話：士兵是現代的聖人。咹，對待現代聖人要客氣，不能打。咹，最多關幾天，餓他幾天，讓他覺悟，別裝啞巴。有什麼辦法讓他張嘴說話？趕快提意見。咹？……」你一言，我一語。一人一把號，各吹各的調。既無結論，C還是啞口無言。

那時，我是師作戰處軍委四階繪圖員，微不足道的角色，到師野戰醫院看病、治痧眼、割包皮，女護士常以「衛生眼珠」瞄我，講話也是官僚主義：「脫褲子！把屁股撅起來！」在會場上，我沒有發言的權利。若准我講話，我的話「一言九鼎」：「他是假裝啞巴。他想離開澎湖，脫掉二尺半，到台灣去！」

領了薪餉，我買奶粉、麥片、橘子和一簍新鮮雞蛋去野戰醫院精神病房去看望C。剛進門，一名女護士扳起晚娘面孔：「去，去，婦產科在東大院！」我理直氣壯說出C的病床號碼。她冷笑說：「啞巴又沒做月子，你送這些東西幹啥？」我故意吃她豆腐：「他吃、妳吃還不是一樣？」晚娘氣得面紅耳赤，攥起拳頭，倒像《水滸傳》上的孫二娘：「趕緊走！神經病！」

C躺在病床上，看朱生豪翻譯的《莎士比亞戲劇全集》。他見到我，熱淚盈眶，無言以對。我低聲把剛才和女護士的一場舌戰，作了簡要報告。C捂嘴偷笑。臨走，C強迫我把奶粉帶回，我像收到退稿一樣悻悻而返。隔了半月，我帶了水果、蛋糕去看C。一進門，孫二娘朝我冷笑：「同志，你來看啞巴是不是？跟我去軍法處找他，行唄？」我聽了發愣。孫二娘氣咻咻說：「你們寫詩的、演戲的，不是無病呻吟，就是風花雪月，我簡直把你們看透了！」我掏出筆記本速記她的話。「什麼意思？你記下來我也不在乎。」我告訴她，她的金玉良言，可以作為文藝家的警惕。孫二娘把嘴一撇：「文藝家？我的親大媽吔，差一點把我肚子的肉絲麵吐出來，哈哈！」

雖然孫二娘瞧不起寫詩的、演戲的，但走了一位局長、團長或廠長，群眾漠不關心，像投進大海的一顆石子，連聲音幾乎聽不見；走了一名話劇演員，他飾演的角色曾讓成千上萬觀眾在心底激盪，如今C潛逃，許多漁民、工人、店員、軍官和戰士都議論這件事，到底啞巴為何而逃？逃向何方？

起初，C逃到高雄，作了一家民營廣播電台播音員。他想念澎湖，數年後回來作小學教師。C思鄉心切，每逢佳節倍思親，C淚洒胸懷，甚至嚎啕大哭！六十年代初，他和洪灣村一位姑娘相戀結婚。為了參加C的婚禮，我請了一週事假，買了一套西服衣料，搭民航機飛抵馬公。他的幸福就是我的幸福。結婚成家，C可能不會再想家了。

自從開放大陸探親，首先使我關懷的則是住在澎湖的C。三十年過去，彈指一揮間。我寫信談起可以繞道香港返回內地，但連去兩封信，卻無回音。我想C或許遷居他處。適巧一個朋友前往澎湖採訪漁業近況，我託他順便去洪灣村看望C。朋友回來，卻帶回讓我悲痛的消息，C在去年春節自縊身亡！他的妻子早於十多年前因難產而死，後來C患白內障，兩隻眼睛先後失明。C並不氣餒，求生意志仍很強烈。有一度他擺卦攤，為人算命卜卦，生意還很不錯。誰知當C聽到准許回大陸探親消息，卻一時想不開，竟然尋了短見。這怎不使我黯然神傷？

浮士德的眼睛失明後說出第一句話：「眼矇矇，心地更光明。」其胸懷樂觀而豁達。C為何自殺，此乃懦弱不敢面對現實的表現。起初我怨他、不諒解他，想起浮士德並非血肉之軀，只是歌德創造的人物，我不由地悲哀起來。

《海兮》在台灣新生報連載期間，收到不少讀者來信鼓勵。著名小說家無名氏著文稱讚這篇小說是「海水風格的書」。他曾這樣寫道：

張放兄作品給我一個甚具特色的印象，那就是：它的文字有時有甜潤滋味。我不禁聯想起，他的故鄉是中國超級偉人孔孟弘偉大教化達二千年的空間。魯人秉性至淳厚，美酒若醇，必味甘。張放行文有時帶甜，其來實有自。這也印證了法國蒲風名言：「風格即人」。

我最欣賞的是〈海兮〉男主角于光和三個女性——陳茜、蕭曼珠、阿雲的愛情故事。

澎湖大海應該是現代男女極壯麗的抒情幕景。煽情的海風，大茉莉花似的白浪，展現白里遼士《幻想交響曲》節奏的濤聲。詩意的沙灘，畫韻的夜景，撩人的海水……于光和這三條美人魚先後回歸亞當夏娃的太古伊甸，繪製了一幅幅強烈的原始畫軸，甚至洋溢梵谷的熾旺燃燒氣息。這些卷軸爲這部長篇小說帶來新鮮的愛情海味，泥土香。……其他角色刻劃鮮活，僅以男主角與上述三女性這四尊既豪邁又深具人性的雕像而言，作者藝術功力所表現的深度，應該保證，這是一冊值得一讀的小說。

無名氏先生誇獎我小說有時有「甜潤滋味」，其實我寫作〈海兮〉是噙著熱淚完成的。通過于光的愛情生活，我對於五十年代海峽兩岸的政治領導人，進行溫和的批判與歷史評價：也許你倆為了千秋事業作出貢獻，但你倆卻沒有照顧同情可憐我們這一百多萬因內戰渡海來台的知識份子、商人、教師、公務員和軍人！讓我們站在海岸眺望滾滾蕩蕩台灣海峽的海浪，流了四十多年相思淚。〈海兮〉男主角于光最後自殺，這悲劇正如愛羅先珂的詩句：「太陽照在他身上，他的眼睛便瞎了」。

這個長篇小說是我在菲律賓三寶顏寫的。從一九九一年一月到九四年三月底回台，我作了三年多菲國中學校長。那裡宗教、民族時常發生流血衝突。政府官吏貪污腐敗，廣大民眾生活貧窮艱難。但我依然懷念那個椰風蕉影的島國。因為它是亞洲最民主的國家。匈牙利詩人裴多菲有一首詩，他認為追求自由民主，可以拋棄生命與愛情。這是我創作〈海兮〉的思想出發點。

「國家不幸詩家幸，寫到滄桑句亦工」。有生之年，我依舊不驕不怠，繼續為這史無前例屬於海峽兩岸同胞生離死別的悲劇而創作。這是我多年來的宿願。我絕不計較成敗得失，我心底只銘記著詩人但丁的話：「走自己的路，讓別人去說吧！」

張放　一九九五年十月新店溪岸

序曲

年老的洪灣村漁民，在漫長的風季，時常聚集村頭媽祖廟的榕樹下抽煙、聊天。有兩位老頭兒，面向浩瀚的海峽，如僧人面壁，終日默然；眼前波濤洶湧，連一艘船影也沒有，他們到底看什麼？每當我心情煩悶，走出書店，也常來廟前大榕樹下湊熱鬧。看別人下象棋的神情：發愣、蹙眉、搖首、暗笑、深思、面紅，變化無窮，獲得無限情趣。

「老于，找個老伴吧，一個人多孤單！」走進老漁民中間，常會聽見這種善意的勸告。我嘴裡哼而哈之，強作微笑。可心裡卻五味雜陳，不知是啥滋味。

歌德說：「老人永遠是個李爾王。」這是指老人思想僵化，個性固執，不易接納他人的意見。這話不敢苟同。

我自幼是個孤兒，我在半饑餓狀況下成長起來。俺北方有一句諺語：「聽人勸，吃飽飯。」過了大半輩子，在廣漠的社會混口飯吃，即使聽到荒謬或逆耳的勸告，我也總是點頭微笑，從不和對方辯論；何況人家勸我找個老伴兒，安渡晚年，乃是基於一片關懷同情心。

阿雲去世二十年了，洪灣村勸我續絃的人比海灘的貝殼還多。那年春節，我去向年邁力衰的岳母拜年，老人家抓住我的手，咧開乾癟的嘴，噙著眼淚對我說：「老于啊，你娶某，我同意！」我忘掉年節的忌諱，忍不住嚎啕大哭！次年颱風多，災情重。老丈母娘在農曆九月初九重陽節因心臟衰竭過世，享年九十歲。洪家三代三十多口人，忙著辦理喪事，並不過分哀痛，而且還說是喜喪。誰也沒埋怨我在大年初一哭泣的事。也許他們忘了。但我卻耿耿於懷，難忘此事。

若想續絃，阿雲過世第三年，蕭曼珠就來信催我結婚。過去在天津時，我二十七歲便認識她，我倆在一個劇團工作。有一次，她飾〈原野〉的金子，我演她的姘夫仇虎，這齣話劇上演一個多月。台上兩人眉來眼去，你憐我愛，怎知卸粧以後依舊相依相偎，最後假戲真做，還產生了你儂我儂的愛。這些秘密，阿雲並不知道。雖是我婚前的一段戀情，但我卻一直壓在心底，不敢向阿雲坦白交代，她若打破醋罐子，比鯨魚翻江倒海還要厲害！咱可不敢惹禍。那次我一直沒給曼珠回信，你說怎麼寫呢？說我不再愛她？說我背了一身債，無力結婚？還是說我在洪灣村找到一個寡婦，年底完婚。……這些謊言，颳大風吃炒麵——張得開嘴麼？

如果我同蕭曼珠結婚，對得起阿雲麼！

阿雲的墓在我的住屋後面。墓前種植六棵青翠的柏樹。風季時期，松樹被風吹得刷刷直響，聽到這聲音，我就想起阿雲，想起她那微黑的膚色，兩隻水靈的大眼睛，和她那渾圓而且有女性魅力的歌喉……現在，我彷彿又聽到她在我身旁嘮叨：于有啊于有，我給你改名于有，別叫什麼于光，光光光，多難聽！光著來，再光著走。……不叫于光，我叫你于有……

風呼呼地吹，吹得天昏地暗，波浪滔天。今年的風季格外長。我的眼睛朦朦朧朧，看不見書上的字，也看不清書架上的書，宛如蒙上一層紗布。我記起一年以前在廟前看人家下棋，那斑剝的刻著車馬炮的棋子，還看得清楚呢，為啥現在眼睛模模糊糊？我不相信醫生的話，莫非我真的患白內障，那是多麼悲哀啊！

「老于，別朝溝裏走，回來！」

「你眼睛快瞎了，別出來啦！」

每次去媽祖廟大榕樹下，想看洪灣村老朋友，總會聽到不少喪氣的話。那天，我的頭撞在榕樹幹上，淌了不少鮮血，從此老實地守在屋裡，凝聽窗外呼呼的風聲……

淚眼朦朧，我依稀地聽到阿雲的柔聲細語：

于有好于有！你別流淚。你眼睛不好，流多了淚眼睛會瞎。將來中國統一了，你回到黃河邊江家峪，兩眼烏黑，什麼也看不見，那有啥用？好于有，親于有，別想家，別難過。等明年春天我給你生一對雙胞胎，一個女的，一個長小辣椒的，每天讓你帶他們玩，你就沒工夫想山東了……

門外的風，呼拉拉吹，我眼前彷彿有千千萬萬隻螢火蟲，忽明忽滅，忽明忽滅，在我屋內飛舞。我心裡明白，我的眼睛恐已失明了。驀地憶起浮士德失明後說的話：眼朦朦，心內更光明。我禁不住傻笑起來……

1.

澎湖群島風季，每年從農曆八月起。海峽的浪濤排山倒海翻騰不休。白天還稍微平靜，到了夜間風吹得嗚嗚叫，你想是啥聲音就是啥聲音：有時候像瘋婆子哭泣；有時候像一堆小孩做遊戲，不時爆出嘻嘻哈哈的笑聲；有時候像千軍萬馬嘶叫、奔騰，混合著槍彈呼嘯而過的聲音……風聲，把船塢所有機械和金屬撞擊聲都淹沒下去。眼前這朦朧的夜晚，彷彿一無所有，只有夜風統治著寧靜的海港。

蹲在廁所聽風聲，吸著煙捲兒拉屎，是生活上一種享受。但是我卻覺得非常痛苦。傍晚，舒淳不知從哪兒弄來一碗海螺，我倆用它喝了一瓶米酒。誰知開鑼以後肚子絞痛，跑了兩趟廁所，光放空屁，肚子卻沒動靜。可巧今晚是頭一場演出，我真擔心陳茜用閩南話演，到底效果如何，讓我忐忑不安。若是這場戲演砸了，我們海峽話劇社勢必面臨解散的結局，到時候有家回家，沒家進廟，倒像〈紅樓夢〉上的話，「忽啦啦如大廈傾，昏慘慘似燈將盡。呀！一場歡喜忽悲辛，嘆人世終難定。」

一陣狂風，把廁所內那盞二十支光的昏弱燈炮吹得直晃悠。燈光乍明乍滅。從外面走進兩個人，聽皮鞋踩在碎珊瑚渣地的沙沙聲，我的心涼了半截，這一下子可不真砸了？剛開幕不到一刻鐘，怎麼頭頭就出來了呢？我撥開三合板遮門，發現牛濤正端著胯間的東西撒尿，褲腰露出半截花褲衩。

「李處長，你瞅陳茜這個妞兒不錯吧？」

「副總！您看她的那對奶子，哪像姑娘？我看沒生過孩子也刮過。」

「你的眼力有那麼準？」牛濤的一泡尿大概憋了很久，洲得便池哧哧地響。

「牛老，不瞞您說，我伺候過三個總經理，別的咱不行，找黑市夫人，我李維篤是專家。花錢不多，而且絕不惹出風波。天津慶祥大舞台筱翠玉，她那一對肉彈比美國瑪利蓮夢露還大一號，還不也叫我擺平了！」

「你？」牛濤嘴中發出嘖嘖響音：「你這一輩子，值啦！」

外面的夜風，吹得樹木刷刷響。牛濤提著西褲，問李處長：「你看這齣戲怎麼樣？咹？」

「雞巴毛炒韮菜，亂七八糟。」這個高中肄業，靠著拎皮包起家的李維篤，低下頭去看寶貝，「老板看的倒是蠻起勁兒，他挺欣賞賽觀音那股騷勁兒！」

「嘿嘿！」牛副總經理笑了。

我也忍不住想笑。從選擇劇本、分派角色起，對詞、排戲，購買或租借大小道具，直到今晚演出，固然是為了造船公司一千七百多位職工的娛樂，但主要的還得博取老板的歡心。老板——就是我們造船公司總經理賈曲新，他從遷廠來到這個海峽之間的島嶼，滿面愁雲慘霧，永遠陰沉沉的，見不著一線陽光。他從年輕時代便在造船廠做事，滿腦袋盡是有關造船技術業務，對於文學藝術是一片濛茫；他既不知道魯迅、茅盾，也不知道石揮、周璇，從我們幾個幹戲的進了造船公司，從華北塘沽登上海輪撤退來到澎湖，組成〈海峽劇社〉，老板根本沒看過一場戲。我敢打賭，他若能知道我這個導演姓啥，我從今以不再姓于，隨你的姓。

咦，老板看的蠻起勁兒，這倒是個鮮事兒！

按照原定的計劃，這齣話劇〈夜店〉將在下月初公演。誰知老板從台北拍來電報，他將提前回來主持會議，以應付韓戰爆發後的新局勢。這個電報猶如一團火，燒得牛濤坐立不寧，寢食不安。前天晚上他把我和舒淳喚去，剛落座，牛濤就把老板提前回公司的電報，向我倆晃了一眼，「那個啥店，提前上演行不行？咹，有啥問題我全力支持。咹。趁著總經理高興，讓他看了你們的戲，從今以後，要錢要人，你們寫報告嘛，咹，我就批——」

「可是，陳茜的台詞還不太熟……」舒淳打斷他的話。

「為啥不熟？咹？」牛濤低頭擦著火柴，燃著雪茄。

「因為她改用閩南話。驟然一改，有點不習慣。」我補充說。

「那為啥改用閩南話呢？這不是搬起石頭，咹，砸自己的腳嘛。咹？」他皺起眉頭，露出一臉不高興的神情。「既然錯了，就改過來。咹，造一條船，也不能全照設計圖啊。咹，要趕快改過來。今天十一，老板十三號回來，你們要在十三號晚上七點半演出。咹。」牛濤站起來，昂步走向了套房，他已經懶得再費唇舌了。

媽的！若在大陸，像他這個屌樣，早他媽的鬧翻了！誰叫咱上了公司的船，飄洋過海來到這個鬼地方？陳茜，你趕忙背台詞，背不下來胡謅入扯。什麼忠實於藝術，狗屁！這些頭頭懂的啥舞台藝術？他們只注意女演員乳房是真材實料，還是塞滿棉花？反正咱們的真正觀眾是一千七百多位職工，只要他們獲得情感上的抒發，精神上的娛樂享受，即使咱們流了多少汗水也值得。當初舒淳建議陳茜用閩南話，還不是為了一千二百位台灣籍的技工嗎？

我在廁所蹲了半天，吸了兩支香煙，沒解出糞便，但肚子卻逐漸不痛了。提上褲子，沐著茫茫月色，逆著強勁的海風，我摸索回了宿舍。排練了半月的戲，夜以繼日地拚命趕工，總算熬到今晚的演出，我已把前後台事務交代給舞台監督任勛，蒙上被子睡個痛快覺吧。

剛睡熟不久，便覺得耳朵有點癢癢的，好像有人背地批評我，還是有人用火柴捍戳我耳朵眼兒。朦朧中，聽到一個帶著磁性的女人聲音，在我耳畔盪漾：「老于，你別裝睡啦。前面在演戲，你躲在這裡睡大頭覺，睡得著嘛？」她伸出柔細的胳臂，把我扶坐起來，催促著說：「走，陪我去買西紅柿！」

「買那幹嘛？」

「帶到輪船上去吃。吃了既不暈船，又解渴、又解餓。」她那兩隻會旋轉的大眼睛，讓人感到暈眩。從那次合演〈潘金蓮〉起，她演潘金蓮，我飾西門慶，我便發現陳茜的那一對勾人靈魂的眸子。若是男人和她結婚，用不上兩年準向閻王爺報到。

「難怪你臉蛋這麼紅，原來是吃西紅柿。」

「西紅柿維他命C多，既便宜，又營養。老于，我不騙你，多帶點沒錯兒。」

走在熙來攘往的街上，很多人都朝我們打量。不用問，陳茜才是焦點。一米七的高眺身材，瓜子臉，大眼睛，京片子。著套頭紅毛線衣，西褲，回力白球鞋。黑頭髮向後一紮，繫一塊紅綢絲巾。她在女人堆中真是鶴立雞群。她和我于光走在一起，不少行人暗自唸誦京劇道白：「好一朵鮮花插在牛糞上哎！」

逛街，陳茜不停地講西紅柿：在她的故鄉台灣南部，一年四季都有西紅柿，有紅色、黃色，或灰黃色。這種學名叫做蕃茄的食品，台灣叫「濤馬到」。她小時候常把蕃茄洗淨，沾著鹽巴吃，非常清爽可口……

隨著陳茜充滿思鄉情感的話語，我眼前展現出一個美妙而動人的畫面：

茫茫的台灣海峽和天空交合之際，一艘船影慢慢航行。

一個女人在田野上漫步，手中拿著一粒蕃茄，啃了兩口，嘴角流露出無比的喜悅。

她跑到山腳，停立在椰子樹旁，仰望巍峨的高山，熱淚盈眶，低聲細語：「

阿里山，記得我麼？我是阿枝，陳阿枝……我是你的女兒……」

走，到台灣演戲、拍電影去！我就是在這一霎那間，下了決心，跟隨華北造船公司的輪船到了澎湖。但是，我也是為了陳茜來的，此乃壓在我心底永遠難以啓齒的秘密。三天四夜的海峽航行，劇社十幾個人，臉上都髒兮兮的，咧著開心的嘴巴，啃西紅柿，紅色的黏液像血一樣。我們像眾星托月把陳茜圍在中心，拱衛著她。不少工人偷偷齜牙裂嘴議論：「這個女主角是誰的戶頭？」「咳，你還尋思這個幹嘛？俗話説，書房戲房，日X的地方！」「照你這麼説，那不是腰裡揣著一付牌，見了誰就跟誰來？」「那還用問？常言道：王八戲子吹鼓手，有幾個正二八百的？沒聽人家説，連頂頂大名的唱夜來香的李香蘭，還不是跟土肥原睡過覺？」

風浪打得船身搖搖晃晃，幸虧陳茜帶了兩簍西柿，救了我半條小命，否則吐得更厲害。我初次坐輪船，毫無航海經驗，從塘沽碼頭帶了幾包糖炒栗子、雞蛋糕，那知吃了甜食，嘔吐更厲害，等到靠了馬公港，我全身像癱瘓了一樣。最讓我難過的，到達澎湖第三天，陳茜宣佈了她和〈海峽話劇社〉社長舒淳訂婚，喜事傳揚出去，整個造船公司風平浪靜，只有我還一直暈船……

我耳朵有點癢癢的，大概有人用火柴棒戳我的耳朵眼兒，睜開眼睛，果然是陳茜。過去她最愛戳我耳朵眼兒，把我吵醒。她今晚並不神采飛揚，一副失魂落魄的樣子。

「陪我去看看，安全室余主任把舒淳叫去問話。」陳茜沒頭沒腦地說。

「演出效果怎麼樣？」我翻身而起，心噗噗直跳。

「不錯。謝幕了兩三次，觀眾還不走。」

懷著一半歡喜一半憂的心情，披上裌克，戴了鴨舌帽，我剛從袋內掏出新樂園香煙，還沒擦火柴，便被陳茜一手搶過去，「甭抽了，咳嗽得那麼厲害，難道戒煙這麼困難？」她囉嗦起來。阿枝阿枝好阿枝，別這樣待我好不好？你別忘掉自己的身份，你如今是舒淳的未婚妻，你不能像在塘沽時期那般對待我……走出房門，一陣強勁的海風吹進脖頸，不由地打了寒顫。轉頭說了一句話：「我看，你還是回去吧。」

辦公大樓是一棟四層的建築物，經過半年的整修，如今煥然一新。大樓門前兩盞燈，照亮了碼頭和船塢。兩旁映射出一幅對聯：「養天地正氣，法古今完人」，這是出自于右任手筆。聽説牛副總經理對它讚揚備至，認為這十個字概括了人生的精神修養目標。公司的職工當然沒有發言權，有些台灣籍技工還不懂其中意義，只當是吉祥話。唯有安全室余主任不以為然，他的批評倒是有點道理：「造船公司是鼓勵職工鼓足精神，生產報國，怎麼能沉浸在韜光養晦、精神修養上呢？」這話傳到我們劇社同仁的耳裡，大家很佩服他。從我們十幾個幹戲的進了公司，都沒有和「安全室」打過交道。彷彿這個機構是一輛裝設槍彈的坦克，既不易鑽進去，又不知如何鑽出來，索性離它愈遠愈好。

安全室燈火通明，余人傑四十出頭，微胖、禿頂，精神飽滿，他和舒淳低聲談話，發現我進去，起初一怔，繼而流露出歡迎的笑容：「請坐！于導演，恭喜你們演出成功！」

香煙繚繞中，舒淳向我遞了一個眼色：「余主任愛護咱們，所以才找我談談。余主任一番好意，他是為咱們海峽話劇社著想……」

舒淳這些沒頭沒尾的話，我根本聽不明白。我只是猛抽余主任的雙喜牌高級香煙，哼而哈之直點頭，陪笑臉。余人傑倒在藍布沙發上，低頭翻看劇本。他背後牆壁上貼著一張標語，「保密防諜，人人有責」，標語右面掛著一幅〈清明上河圖〉，看起來有些不甚協調。

「關於選擇劇本的問題，我們不必追究責任。問題是到了現在，國家民族面臨生死存亡的關頭，演這種腐蝕人心、挑撥階級鬥爭的劇本，怎麼對得起革命先烈？

……」余人傑的冀東方言重，聽來很親切，使我聯想起評戲〈老媽兒開唠〉。……

「主任，您説的對。不過，當初選劇本，牛副總經理認為演〈夜店〉比較熱鬧——」沒等我的話説完，余人傑冷笑道：「牛頭懂什麼？他要是知道高爾基是哪一國人，我今晚縱身海峽，死而無憾！」

屋內空氣驟然寒冷，我裹緊袂克，偷偷向舒淳瞄了一眼。他搭拉著頭，一付無可奈何的神色。過去每次他和陳茜嘔氣，總是擺出這樣令人同情的樣子。舒淳身高一八二，曾經是天津足球隊代表。他的表演藝術既有才華，經驗更為豐富。從塘沽上船，舒淳帶來的一箱劇本、一支金星牌鋼筆和一套精裝〈斯坦尼斯拉夫斯基表演體系〉。陳茜不是一個輕易向別人動情的女人。她是伯樂，她選上他是明智的抉擇，舒淳是西北廣闊草原上的一匹千里馬啊！

余人傑點上一支煙，卻悠閒地談起高爾基來。他指出這齣話劇〈夜店〉，可能是柯靈的作品。他在天津看過影片，石揮、童芷苓演的。今晚陳茜的賽觀音，比不上童芷苓潑辣；但是舒淳的演技，並不比石揮遜色。余主任尋思了半晌，「這是根據高爾基的啥劇本改編的，我咋一時想不起來呢？」舒淳知道，我也知道。我倆都不吭氣，免得惹出政治問題。

高爾基的劇本〈下層〉，描寫一群被社會遺忘的人，他們住在狹窄而骯髒的都市一角，過著痛苦而無望的生活。這個劇本的主題，乃是提醒人們的注意，趕快提昇下層社會市民的精神和物質生活，救救他們。改編後的〈夜店〉，也是同樣主題，既無腐蝕人心的內容，更扯不上階級鬥爭。當初舒淳找出這個腳本，曾叫我仔細看過，我確實沒想到有無違背反共國策問題。後來經過牛濤大筆一揮，批下「如擬」二字，我們就倉促地分派角色，進而排演，那曉得等演出之後卻引起余主任的不滿呢？

我的腸胃又開始絞痛。舒淳啊舒淳，我一向把你當兄弟看待，我屬羊，你屬猴，我比你年長一歲，可是你帶了七八個劇本，為啥偏拿這本〈夜店〉給我看？我也是混蛋加三級，翻了一遍就過了關，誰會想到演出之後，對不起革命先烈呢？再說你為何偏在演出第一天，弄來一碗害人的海螺給俺下酒？舒淳啊舒淳，你安的什麼心？早知如此，我飄洋過海陪陳茜來這兒當電燈炮作甚麼！……我暗自懊悔起來……

壁上的時鐘，已指向十點半，余主任站起來送客，和我倆握手，皮笑肉不笑地說：「我做事向來是得過且過，只要上邊不追問，我不會給你們為難。你們都是三十歲左右青年，搞藝術的都熱情奔放，我明白這些。抗日時期，我的大學同學不少跑去了延安，他們也像你倆一樣愛藝術，會演戲，愛文學。不過，你們要提高警覺喲。台北有個作家寫了一首歌，我們已經無處後退，只有努力向前……回去想想，咱們還能退麼？四週是汪洋大海……」他的堅定的聲音，在我腦海盪漾；他的肥厚溫暖的手，直到回了宿舍依舊保持著餘溫……

晚上，凝聽窗外的浪潮拍岸，始終難以入夢。摸索爬起來，點上一支煙，想披上裌克去碼頭散步。驟然聽見有人輕敲房門，打開門一看，原來是舒淳，快十二點了，他跑來做甚麼？

「陳茜到現在還沒回來。媽的，這個老狐狸一定在搞鬼！」舒淳氣咻咻地說。

我的心突然搐動起來。月黑風高的秋夜，他們把陳茜帶去陪客人吃宵夜、作翻譯，這簡直太欺侮人了！陳茜不是公司的秘書，不是女招待，憑什麼深更半夜開汽車把她帶去馬公？舒淳啊舒淳，這是我的過錯，原來陳茜是想跟我一塊兒去見余主任，是我把她留下的。結果被李維篤拖上汽車，陪老板去了馬公。若有個好歹，我怎麼對得起舒淳？

舒淳見我發愣，突然一把抓住我的胳臂，緊張兮兮地問：「依你看，不會出事吧？」

我推門走了出去：「到碼頭散散心去，也許她快回來了。」

海風捲起墨綠色的港灣的浪花，嘩啦啦翻騰著，湧泛著。海水的鹹腥味兒，混合了濃烈的柴油氣息，不時灌進鼻孔，使我重溫起遠航的暈船滋味。坐在陰暗的石板上，遠眺黑色蒼茫的海峽，尋不出東南西北的方向。我輕聲對舒淳說：「我們這次出來，到底是對，還是不對？」

「哈哈！」他把右臂搭在我肩上，親暱地問：「吃後悔藥了？」

從一個不知名的島嶼背後浮現出一艘燈火通明的客輪。朝向茫茫的海峽航行。

隱約地，聽見鳴起一聲汽笛。這艘輪船上如果有我的話，那是多麼幸福！閉上眼睛，任它航行到什麼港口或國家，只要登上陸地，做小工、幹苦力，我不信會餓死肯勞動的人！……那艘客輪逐漸被黑暗吞噬了……坐在碼頭石階，身旁是一個漂亮女孩，也是月黑風高的夜晚，我倆剝著糖炒栗子，一面談著有關台灣的鄉土風情。

「台灣有賣水餃的？」

她搖頭，直笑。

「台灣有賣炸醬麵的？」

她想了想，還是搖頭。

「糖炒栗子有沒有？」

「沒有。」

「只有濤馬到，那有什麼好！」

「于光，你等著，等著往後內地人去了台灣，將來這些東西都會有賣的，水餃呀、炸醬麵呀、……再過幾十年，恐怕天津狗不理包子、糖炒栗子都有賣的。」陳茜仰頭笑起來。

驀地，塘沽港駛出一艘輪船，燈火輝煌，不少旅客倚在欄杆旁向岸上揮動手臂，殷切道別。這一幅感人的畫面，撼動我的心。不由地說出心底的話：「假如咱們倆坐在那條船上，多幸福！」

她吃了一驚。轉過頭來向我發怔。半晌，她問：「你想上哪兒去？」

「天涯海角，到處為家。」

「你想當猶太人？」她的聲音有些惱怒、刻薄。

「紐約華爾街的大亨，不少是猶太人。」我頂她一句。

陳茜竟然火了，拔腿就走。我感到詫異，是她身上哪一根筋不對勁，如此小題大做，發起小姐脾氣來！往昔她是那麼隨和、柔順，為什麼那天晚上變得那麼剛烈、倔強？思前想後，我的過錯在哪兒？直到現在我仍然找不出具體的答案。

港灣的風浪愈來愈大，我感到有些寒意。從馬公來的方向，漆黑一片，根本沒有汽車駛過，莫非陳茜今晚不回來了？她會陪老板他們喝酒到天亮？媽的，一方面是莊嚴的勞動，一方面是荒淫與無恥，那位蘇聯作家的話很有概括性。余主任啊余主任，你赤膽忠心保國家，可是這些頭頭卻胡作非為，寡廉鮮恥，那有個屌用？你硬說演出〈夜店〉腐蝕人心，像賈曲新這樣的人，跟北洋軍閥有啥不同？他不僅腐蝕人心，而且影響團結，你這種「揀起芝蔴，漏了西瓜」的做法對嗎？

「回去吧！」舒淳催促著我，「我一個人等她就行了，你何必再陪著受罪？這半個月你也夠累了。」

我把褲袋剩下的半包新樂園煙，留給舒淳，裹緊袂克，向著宿舍走去。推開房門，打開電燈，隔壁有人敲門，撥開偏門，任勛帶著一股酒味闖進來，朝床上一躺，開門見山說：「老于，我不想幹了，先向你報備，別說我不夠朋友！」

「不想幹，上哪兒去？」我脫掉皮鞋，換上木拖鞋。

「不遠，華陽艦。」他伸出胳臂，向牆頭指。我搞不清方向位置。

「你去海軍幹啥？」我忍不住想笑。

「華陽艦是一條報廢的軍艦，日本南犯時期，被美軍打得千瘡百孔，光復以後一直停泊馬公港內，像一座破廟。」

「你去當和尚？」

「船上有一百多個和尚，四、五個尼姑，有一個叫什麼……小母豬的認識你！」

「我的天！蕭曼珠！長白師院外文系生……怎麼，他們不是去了廣州嗎？」我喜出望外，想不到失散一年多的女朋友，如今又重聚一起了。而且都在澎湖海港。我幾乎高興得跳起來。

任勛擔任〈夜店〉舞台監督兼演員，今天下午他去馬公採購化妝品、小道具，因為在商店講日語，遇見了瀋陽老同學。他們長白師院從北平去了湖南南岳，後來到了廣州。廣州危急，只得撤到海南島，最近又來到澎湖。目前台北方面指定長白師院學生暫住華陽艦，聽候分派學校就讀。任勛的老鄉是學生自治會主席，經濟系四年級，曾經在北平報刊發表不少論文，當年也和北大教授樊庸進行筆戰。此人是瀋陽來的蕭熙。

「我想跟他們一起復學，去台北。蕭熙願意幫忙。他說要去就早一些，拖到月底，恐怕來不及了。」任勛低聲說：「老于，依你看，造船公司不會留難我吧？」

「別管那麼多，你走你的。」雖然我說的這麼輕鬆，可是任勛到了華陽艦，果真那麼順利地考插班上大學麼？再說，任勛在我們〈海峽劇社〉是重要份子，他走了以後，誰去上街採購東西？當地民眾不懂普通話，我們聽不懂閩南話，雙方只靠寫漢字、打手勢來溝通，麻煩極了。任勛在偽滿時期讀過日文，他是最理想的翻譯人材，他走了，以後的民運工作誰能勝任？我暗自發愁起來。

「你的意思，讓我不告而別？」任勛吸了一口香煙，臉上流露出羞慚的顏色，「那不是開小差嘛。」

「我看你還是考慮一下再說。」我脫下袂克，掛在椅子上，想攆他回去睡覺。

「明天晚上，蕭熙帶五個同學來看戲，還有……蕭曼珠，沒問題吧？」

「有問題，說不定會停演了。」

「為什麼？」他驚訝地問。

「高爾基的改編劇本，有政治問題。剛才安全室余主任找老舒談過話。」

「見他的鬼！蔣總統的兒子在蘇聯，還跟高爾基握過手哩。」任勛氣吁吁走了，砰地一聲關上門，引起一陣風。我很生氣，像任勛這種火爆脾氣怎麼行？若是他這句話讓安全室聽到，一定惹起軒然大波！任勛呀任勛，你要走趕快走，千萬別再捅漏子了！我們這十幾個搞戲的臭男人，包括陳茜在內，在人家眼睛裡都是左傾份子，人家想抓，隨時就抓，四面是海，我們上哪兒跑？……住在華陽艦上的長白師院師生別樂觀，你們命運還比不上我，至少我還能鑽到防空洞裡藏匿幾天，等餓得頭暈眼花、心慌意亂的時候，我再鑽出來向他們投降。可你們住在船上，上哪兒躲呢？曼珠好曼珠，你知道任勛叫你什麼？哈哈！真笑死人，真笑死人，他叫你小母豬……

……

「你別老是跟著我走，喊我，叫我，沒有用！你走你的陽關道，我走我的獨木橋，各走各的路；你是長白山的黑瞎子，我是峨眉山的猴子，咱們誰也不認得誰！」

蕭曼珠是個短跑健將，走路特別快。穿過假山甬道，她已步上石橋，我在後面追趕，引起河畔一對情侶的驚惶。「你聽我向你解釋，曼珠，曼珠，我只講一句話，行不行，行不行？」

「什麼話？」她佇立橋頭，眼睛望著黑雲密佈的秋空，「快說！」

「我說，」我喘吁不止，一面擦汗：「你當猴子，讓我作黑瞎子，這樣分派角色一定演不好，曼珠！你應該當黑狗熊，你忘了你是吉林省人！」

她忍不住摀著嘴，掩住笑。接著，她坐在橋墩上流淚。曼珠好曼珠，你哭什麼？讓別人聽見誤以為我是流氓呢。嗚嗚嗚，這群流氓，你們是什麼東西？八卡牙魯！你怎麼罵人呢？嗚嗚嗚，趕快送我回去，管你是什麼狗屁總經理……王八蛋……我從惡夢中醒來，推門走出去，夜色蒼茫，一輛汽車停在宿舍前，李處長和舒淳攙扶著陳茜，東倒西歪，陳茜醉得像一堆爛泥，嘴裡不停地罵：「王八蛋，送我回去……這群雜碎……八卡牙魯！……」李維篤的西裝被抓得稀爛，他把陳茜推給了我，拍拍衣服，嘟囔了幾句熊話，狼狽而去。我和舒淳把陳茜攙進屋，她不罵，也不喊，只是搭拉著頭。等她躺下，舒淳倒出來一杯溫開水，扶著她喝光，輕聲問：「你沒怎麼樣吧？」她搖搖頭，閉上了眼，我發現她的眼角淌出了熱淚。

「幾點了？」我輕聲問舒淳。

「四點零三分。」他低下頭看夜光錶，「再等兩個小時，就是陳茜的生日，想不到她的生日過得這麼痛苦，唉！」

「明天我去馬公給陳茜買生日蛋糕。」我低聲細語：「戲決定停演，無限期罷工，除非賈曲新向咱們低頭！」

2.

雖然那艘二次大戰報廢的日軍華陽艦停泊港灣，搭小艇登艦只有八分鐘時間，但是在我心目中卻有咫尺天涯之感。從馬公第二檢查哨碼頭登記，檢查證件，詢問訪問的對象非常清楚，甚至連政治背景也不厭其煩打聽一番。任勛是急性子，講話像輕機關槍：「蕭熙，國民黨忠貞份子，在華北跟左翼教授進行思想鬥爭，一以當十，以十當百……」檢查哨的軍官齜牙一笑，「這號的人材難找，把他介紹給防衛部政治部當教官怎麼樣？」任勛淡淡一笑：「等我上了華陽艦，跟蕭熙商量一下再說。」那軍官把嘴一撇：「你老兄別上華陽艦，在這兒等他下來會客。」任勛想和對方翻臉，被我拽住衣角。我問：「請問要等多久？」哨官沒有答腔，無精打采走進檢查哨。隔著玻璃窗户，我看見他在打電話，也許在為我們連絡。

站在碼頭上，由於季風強勁，吹得雙腿打顫。眼前的澎湖海峽，浪濤翻湧，像墨綠色大地開滿白色茉莉花。走出碼頭，兩旁皆是日式建築的商店，進出顧客軍人較多。我倆走進一家土產店。今天陳茜過生日，原來計劃等訪問華陽艦回來再說，如今不知什麼時候才和蕭曼珠會面，索性趁此機會選了兩串珊瑚項鍊，買了二十多包花生酥。我們進了糕餅店，買了一盒奶油蛋糕。最後走進一家書店，翻了半天帶有色情味的雜誌、畫報，終於在一堆武俠言情書籍中間，發現兩塊寶石：魯迅的〈兩地書〉、羅曼羅蘭的〈約翰・克利斯多夫〉。

等到傍晚，始終不見華陽艦的小艇到港。我去問檢查哨，由於實施換班制度，根本打聽不出結果。任勛嘴裡不乾不淨嘟囔不休，傍晚風勢更大，他的牢騷也只有自己欣賞而已。最後兩人提著生日禮物，跳上交通艇，回了造船公司船塢碼頭。

我倆先把東西放到宿舍，便去職工餐廳排隊。餐廳人聲鼎沸，散發出菜飯的香味。領了鋁質飯盤，我向廳內打量半天，卻不見劇社一個人影，莫非他們集體去了馬公？高麗菜、粉絲煮蝦米、白蘿蔔排骨湯。打了飯，找到位置，任勛也端著飯盤坐下：「他們已經吃過了，去了禮堂後台，今天晚上照常演出。」我有點發火：「你不舒淳真沒有志氣！」任勛嘿嘿直笑，影響不了狼吞虎嚥，也影響不了講話：「你不演戲，老板就不管飯。這年頭找個吃大鍋飯的地方不易啊！老于，這兒不是天津，也不是瀋陽，這是李鴻章雜碎簽字割讓給日本鬼子的澎湖，要不是八年抗戰，咱們收得回來？」任勛愛吃豆豉炒辣椒，伙食團的佐餐小菜。吃得滿面紅光，像喝了酒。一位老技工走過，用日本話和任勛搭訕：「任桑，你們的戲真好看哪。那個演壞女人的陳小姐是台灣人？哪一縣？」任勛轉頭問我，然後翻譯給老技工聽：「她叫阿枝，嘉義竹崎人。」老技工睜大眼睛，驚奇地說：「她可能是高山族。」我聽不懂，笑了笑，低頭吃飯。

也許每個人睡足了午覺，精神飽滿；也許今晚上前排的首長席空著，但觀眾卻爆滿，連兩旁都站滿了工人和眷屬。今晚上演〈夜店〉非常成功。甚至連龍套角色的過場戲，也都帶戲上場，每個人都溶化在角色裡。散場之後，不少人眼圈紅腫，留連忘返。有些觀眾還擠到後台看我們卸粧。有的在找「陳西」，打聽「陳西」什麼時候結婚？任勛像攆鴨子似的直嚷：「後台太擠，請大家出去吧。我說你這位老大嫂沒戴眼鏡，俺們陳小姐叫陳茜，不是陳西，陳西撇在大陸，參加文工團了。哈哈！」儘管任勛驅趕觀眾，觀眾卻堅持不走。其實也走不出去。後面蹦出一位程咬金，嗓門兒比任勛高八度：「讓開！趕快讓開！王技術員夫人駕到！要見陳西，不對，她要見陳茜！」隨著喊叫聲，果然閃出一條路，一位梳著香蕉髻，約莫五十開外的婦女，端著一只鋁鍋，滿臉汗珠擠進後台。她走近陳茜跟前，掀開鍋蓋，操著冀東口音：「我說陳姑娘，您別嫌棄，這是我特地給您做的蒸餃，胡蘿蔔牛肉餡兒，趁熱糊吃！」接著她挨近陳茜的耳朵，喊喊嚓嚓：「您自格吃，可別讓那個姓任的大嘴巴瞅見，他一口能吃一個！我看見他就討厭！」陳茜雙手接過鋁鍋，向王大嬸鞠了個躬，眼淚不由地刷刷落下來。引得旁邊不少婦女陪著掉淚。

王大嬸鼓舞了陳茜的士氣，同時也鼓舞了全〈海峽劇社〉同仁的士氣。有了像王大嬸這樣的觀眾，即使吃苦受閒氣也是值得。晚上陳茜過生日非常熱鬧，不少工人參加，有送酒的，有送花生糖的，每人臉上都呈現既醉且甜的味道。我代表劇社同仁，把一串珊瑚項鍊交給舒淳，舒淳再親手套在她那柔美雪白的頸上，在一陣熱烈掌聲中，陳茜的一對醉人的眸子，看看舒淳，又看看我……那是多麼搖撼心靈的兩隻眼睛！從我和她那次演〈潘金蓮〉，我的靈魂便被勾走，甚至到現在還飄泊平津一帶……

也是秋天，北平西山紅葉似火，也許戰亂的影響，又不是星期假日，遊人並不多。從碧雲寺沿著山坡小徑爬山，兩人手拉手、心連心，不久便隱沒在楓葉的火海裡。她平臥在草地上，伸出兩臂摟住我脖子，發出歇斯底里的聲音：「帶我走吧！老于。」「上哪兒去？」「台灣，山東江家峪，隨你。」「你回台灣作什麼？家裡沒有親人，你找誰去？」「虧你還看了那麼多文學小說，連一個人思念故鄉的情感都不理解。即使回去看看阿里山雲海，看看嘉義吳鳳廟，也是幸福。老于，跟我去台灣好麼？」我在躊躇，我不能欺騙一個純潔少女的心。終於，我應允下來：「我可以住上三個月，行唄？」陳茜爽朗大笑：「行。我會好好保護你，一直陪伴你三個月。我們村落鄰居會喝酒，你要裝醉，記住了麼？」我吻她的柔細的脖頸，一股肉香。她撥開我的下頦，哧哧笑：「我們祖先很厲害，吳鳳是被我們族的人殺的。」我抬頭問：「吳鳳是男的還是女的？」「我不告訴你，等你去了台灣你就知道……老于，你壓得我好難過……你怎麼了，老于？……」「我喝醉了。我不管，我要吃奶奶，肚裡餓得慌……」「哈哈，神經病。你沒喝酒，怎麼會醉？」「你叫我裝醉，我……是阿Q……你是……吳媽……我醉了，我要和你睏覺！」「老于，別這樣。我把你看成親哥哥……等將來咱們去了台灣，你想咋樣就咋樣，行唄？」酒意漸漸清醒，趕快坐起來，整理一下頭髮，從褲袋掏出一包香煙，卻被陳茜一把搶去。「老是咳嗽，不能再吸煙。眼看天快冷了，得了枝氣管炎，怎麼演戲？」我低下頭，親吻她那散發出體香混合雪花膏氣息的脖頸，空空蕩蕩，柔柔細細。阿枝好阿枝，等我有了錢，買一串項鍊親手掛在你頸子上，……你是高山族公主，我是那個吳什麼鳳，你帶著親友鄰居把我殺掉吧……陳茜熱淚盈眶，哽咽著說：「你是我的親人，你是我的同胞，我咋捨得殺你？……老于，我親你還來不及呢……老于，你裝醉的樣子，非常入戲，比仇虎演得還逼真！」

我離開陳茜的宿舍，已經十一點多。回到屋裡，把另外一串珊瑚項鍊放進皮箱，等和蕭曼珠見面再送給她。奇怪，他們原來講妥今晚來看戲，任勛還託人留了座位，為啥臨時變卦呢？

風季籠罩下的澎湖，山是灰溜溜的，地是光禿禿的，只有那硓砧石牆內種植的蔬菜或花生，給荒島點綴出盎然綠意。風季是漫漫的長夜，造船公司的金屬撞擊聲響，猶如一道小河，匯合在風的巨大洪流裡。按照原訂的計劃，〈夜店〉在本公司禮堂演出六場，其他四場在馬公招待駐軍民眾。後來決定馬公公演取消，一律在禮堂演出十場，免得搬運景片道具麻煩，同時也減輕演職員往返的辛勞。直到〈夜店〉演完，蕭曼珠也未曾露面，這倒是讓我感到意外。

為了籌劃新劇演出，首先面臨劇本的選擇困難。若是按照現行政策，凡是作者身陷大陸者均不得演出，這就成為難題。後來，我和幾個朋友研究出一個解決方案，既然時裝戲牽涉現實社會問題，為什麼不演歷史劇、啃死人骨頭呢？演小鳳仙、賽金花清末民初話劇，劇中穿插些北洋軍閥強佔民女，女學生熱戀革命黨，既熱鬧又逗趣，而且煽情，一定吻合老板的欣賞與趣。若是沿著歷史的長河向上尋找題材，有關男女愛情悲喜劇更多，任勛手邊還藏著一本魏于潛的〈釵頭鳳〉，寫陸游和表妹唐蕙仙的婚姻悲劇。稍微改動一部份就能搬上舞台。

那天，我們召開社務會議，總務處長李維篤以顧問身份，出席指導。他聽取了舒淳的報告，眼珠瞪得比牛眼還大，咧著嘴巴直笑：「只要演得熱鬧，女主角作風大膽，觀眾就喜歡看。男的女的星星月亮扯上半天，誰有耐心聽文藝話？要愛，就正二八道的真槍真刀的愛……哈哈，我這不過打個比喻，我可沒有別的意思……嘿嘿，這個……若是演的好，我請牛副總帶你們去台灣巡迴公演，一定會轟炸——不對，轟動台灣！」

全場鬨起了笑聲。我嘴笑，心裡要哭。搞戲劇的遇上這種顧問，還有什麼光明前途可談？

那日會議決議：一是決定演出〈釵頭鳳〉，改為〈陸游情史〉，增加尼姑庵一場鬧劇。陳茜飾演唐蕙仙，舒淳演陸放翁。二是決定招聘新演員，採取內部推薦，但仍需參加公開甄試。最理想則是向澎湖軍中劇團挖角，若是影響團結，則不可強行為之。目前澎湖群島，包括停伯港內華陽艦的長白師院同學，大約五千多大專、中學青年，演劇人材不少，正是〈海峽劇社〉吸收新社員的最好機會。

散會後，李處長叫我陪他去見牛濤。把決定的事項向牛副總報告一遍。牛濤的桌上堆滿卷宗文件，他每次接見部屬，總是先握手，等別人坐下以後，他去洗手摭一把臉，再走回來坐在固定的沙發上，嗯唉地聽別人講話。

「很好。演這個……陸游情史有意思，咹，陸游是唐朝人吧？李處長，咹，我記得他是個詩人？」

「對，對。」李維篤瞅了我一眼，點頭說。

「那既然陸游當男主角，為什麼這戲裡沒有陸游呢？咹？這是一個嚴重的缺陷吧？咹？」牛濤戴起老花眼睛，望著演職員表，發現了錯誤問題。

「副總經理，舒淳演的角色就是陸游。」我急忙向他解釋。

「咹？不是陸游，咹，這上面明明寫的是陸放翁。」牛濤有點不高興的神情，嗓門也高起來。

「放翁是陸游的號，可以改，可以改。」我世故地說。

「堂堂一個男主角，咹，怎麼用號呢？名不正言不順嘛。咹，趕快改過來。什麼翁呀老的，我最討厭這個稱呼，人家外國人到了七八十歲，照樣穿花襯衫、談戀愛，所以人家民族充滿朝氣嘛。咹？」牛濤說著端起茶几上的蓋碗茶，搖晃頭，輕吹茶葉，低頭啜了一口。放下。

「有關招聘新演員的報告，副總滿意吧？」李維篤插問一句。

「這個，可以辦。咹，經費不成問題，有你李處長在，咹，那還不是一句話嘛。哈哈！」牛濤把臉擺向我，卻收斂起笑容，換上一付嚴峻的神情，「你下去要告訴他們，唉，多招進幾個年輕漂亮小姐，要會喝酒。身材很重要，脾氣要溫柔。唉，你們劇社的陳茜固然不錯，可架子大了些。唉，喝了不到三杯酒，發酒瘋……唉，咱們的老板還誇獎她，想聘她作機要秘書……」

煙圈繚繞，我發現牛濤的身後牆壁上，掛著一幅水墨畫，一個胖墩墩的老者，手持蒲扇，露出鼓起的大肚皮，正朝我微笑。畫的右上角有四個毛筆字，「可以清心」。面對這位年近六旬的首席副總經理，我除了「是，是」以外，還能說什麼？其實牛濤忙得要命，監督著一千七百多職工的任用、工資與勞動；他有兩個公館，元配住在基隆和平島，姨太太住在高雄鼓山區，聽說他最近在馬公還討了一個酒家女，藏在測天島一棟日式平房裡。牛濤的酒量實在驚人，從塘沽到澎湖，三十年如一日，他從來沒有醉過。他的座車後面常年擺著兩瓶進口的威士忌酒，遇到心煩或是思考業務，他在車上也喝兩杯。他面色紅潤，永保青春，除了仰賴藥物之外，其秘訣聽說是牆壁上的「可以清心」四字。

「于導演，有咱們副總的英明領導，海峽劇社是有前途的。」李處長說著起身告辭，向我瞟了一眼：「向副總告別吧，回去馬上執行任務。」

招聘〈海峽劇社〉男女演員的海報，在馬公街頭貼出，同時我們還在澎湖〈建國日報〉刊登廣告，一連三天。報名的函件，如同雪片般的飄進了〈海峽劇社〉。

經過初步審查，發現絕大部份的學經歷條件都不錯，但是他們仍為現職軍人，卻無法也難以進行借調手續，換言之，他們也不能參加甄試。

「你想一想，這不是搬起石頭，咹，打自己的腳嘛？咹？」任勛一面翻看報名信，模仿牛濤的講話腔調，逗得大家直笑。

我突然被一封報名信所吸引，眼珠發怔，週身血管急速地膨脹起來。曼珠呀曼珠，你不是說來看〈夜店〉，為啥不來？當年你賭氣離開劇團，離開天津，不是曾咬牙切齒、發誓賭咒，從今以後再也不演戲了？為什麼你看到〈海峽劇社〉招聘演員的廣告，卻親自寫出身世資料，貼上一張泛黃的印有「天津星海」的照片，前來報告應試呢？早知如此，你當初是不應該賭氣離開我們，跟著長白師院從北平南下，再沿京滬鐵路去上海，轉往杭州、株州、南岳、廣州，最後又從海南島返回馬公港。曼珠呀曼珠，你走遍了中國半壁河山，免費旅行，你採擷了不少民謠民歌吧？你那兩條健美的長腿，如今鍛鍊得愈加結實，等澎湖風季過去，咱倆換上運動衫褲，沿著馬公島跑一圈兒，欣賞那春天的島上景色吧。

狄更斯說過：這是光明的時代，也是黑暗的時代；這是溫暖的春天，也是寒冷的冬天……我們走向天堂，走向相反的路。記得在那混亂、搶奪、謠言滿天飛的時代，一個燒餅法幣一百塊，一碗豆汁售價七十五元的年月，每到晚上我倆演完戲，走在散發著食物香味的夜市，摸一下乾癟的衣袋，心裡發愁：「這一點錢，吃什麼也不飽！」

吃麵條，一泡尿肚皮就癟啦。吃煎包，沒那麼多錢。吃煮地瓜既便宜又耐餓，但吃過之後肚子咕咕嚕嚕直放炮。有一次吃多了地瓜，在舞台上演戲，憋得臉通紅，差一點崩出來！我倆在夜市轉悠好幾圈兒，幾個飯攤伙計已認識我們，吆喝得帶有酸味：「剛出鍋的韮菜餡煎包，牛肉湯、大滷麵，甭走了您哪！再走就快天亮了您哪！」蕭曼珠轉頭朝伙計搭訕：「俺們吃了您哪。想買點糖炒栗子，轉悠半天找不著。」

誰敢笑出紕漏來？曼珠好曼珠，任勛叫你小母豬，你比小母豬精靈可愛多了。剛從東北來天津不到三個月，她就學會了天津話，說得味道十足，你說她怎不惹人憐愛？走了半天，累了。我有點不耐煩，「你想吃啥？說呀。」翻了一下眼珠子，拉住我的手，低聲下氣地說：「隨你。」還是那句台詞，你不會換一句說？

既然你無意見，任我做主，那我先到山東老鄉雜糧店買一斤小米煎餅，再到對面地攤買一筒美軍牛肉罐頭。回到宿舍，打開煤油爐，等開水沸滾，倒進半罐牛肉，抓些青菜、芫荽進去，等水滾上來，再切開煎餅放進湯鍋，只需短暫的兩分鐘便熄火。

「牛肉燴煎餅，七百塊一碗您哪！」蕭曼珠喊一聲，開始用海碗先給我撈一碗。再為自己去盛。

住在單身宿舍的劇團同仁，一共九人，其他都住在外面。由於物價波動，生活困難，即使蕭曼珠這樣喊，卻無人出來吃燴餅。也許有的出去散步，有的已吃過宵夜。半晌，有人走進來，原來是陳茜，她向我碗中瞅望：「不錯麼，七百塊一碗貴了點。」說著去摸碗：「這牛肉熗煎餅是小珠做的？」「我做的一碗一千四！」「一千四我可吃不起，吃我們于導演的熗餅，白吃！」針尖兒對麥芒，尖對尖。最惱人的，陳茜盛了一碗熗餅，在我對面坐下吃。曼珠氣得端著飯碗，回了房間。

「阿枝，你過份了？」

「她才過份了！」

「她年紀小，是妹妹！」

「她可沒把自己當妹妹，她把自己看成于太太了！」

那時劇團正在推出曹禺的〈原野〉，由於角色少，劇情集中，戲劇衝突性異常強烈，推選角色非常困難。研討將近一週，結果蕭曼珠飾演金子、陳茜飾演瞎老婆焦氏、舒淳飾演焦大星、我飾演仇虎。從此，陳茜和蕭曼珠從現實生活到舞台藝術，一直開展尖銳的鬥爭。最妙的那時候我滿面疙瘩，半青半紅，像剛從牢籠放出的醉漢。也許由於醜陋，演出〈原野〉非常叫座。偶爾和曼珠出去，聽見有人嘁嘁嚓嚓議論：「這麼俊俏的閨女，跟著仇虎溜街，圖啥？難道圖他……功夫好？嘿嘿……」

蕭曼珠的戲路寬，演老太婆、少女、少婦、交際花，甚至風塵女人都行。由於健康，肺活量大，吐出的台詞前排不覺刺耳，後面聽得清晰。她是優秀民謠歌手，這對於演戲有很大的助益。她是一個很有前途的表演藝術家。可惜生不逢辰，正當她的藝術天才初放光芒，卻遇到時局混亂，既無固定劇場，也沒有夠水準的觀眾。說實話，我們這夥幹戲的青年男女，也不過找個地方混一口飯吃。看戲時，也許有人心情激動，甚至流淚，但等散戲以後，觀眾怎會想到我們？蕭曼珠說過：演戲純粹是自我陶醉，情感發洩，可別把它當終身奮鬥方向；如果堅持理想，那才是頭號傻瓜！曼珠呀曼珠，你既然看不起幹戲的，為啥你不去台北復學？一年出來就是中學教師，放著「人類靈魂工程師」不做，卻來報名參加〈海峽劇社〉？

蕭曼珠報名的消息，是搗不住蓋不住的事，只要她肯前來報名，以她的優越條件，任何人也得對她刮目相看。首先提防的是她進來後，是否還會和陳茜發生摩擦？若是兩人一天到晚明爭暗鬥，不僅蕭曼珠呆不久，連我也得捲舖蓋走路。因為踩在我們頭上的魔鬼，不僅愛錢，而且愛色，這是令人提心吊膽的事。

晚上，海風吹得夜空的黑雲，波浪般地湧捲奔騰。月亮，像躲在繭蛹中的蠶，忽隱忽現。我裹緊了一件剛買的深藍色外套，沿著寂靜的船塢碼頭，朝向J字形的尖端漫步。夏天時，每到夜間常有人來此釣魚，納涼。但如今卻不見人的蹤影。愈向前走，風勢愈加強烈，海風捲起了白浪，一波波的，向著碼頭潑洒而來，發出巨大的嘩嘩啦啦的聲響。

走遍了萬水千山，

嚐盡了苦辣甜酸，

如今又回到母親的懷抱，

母親的懷抱溫暖……

遠處從黑暗的碼頭一角，傳來了女人蒼涼的歌聲，忽高忽低，若隱若現，那渾圓而帶著磁性的歌聲，彷佛是從收音機裡傳播出來的，因而愈感到它的神秘而美妙。凝神聽去，恍若夢境，我禁不住為之悚然，竟不敢再向前挪步了……

嘩啦啦的潮水，撲向碼頭，我感覺頭暈眼花，眼前石塊水泥鋪沏的路面，猶如飄浮在大海之間的小船，搖晃不已，眼看它有被狂風驟浪吞沒的危險……聽一位台灣老技工說，往年風季來臨，此地曾發生有人被海浪捲走的悲劇……驀地，我發現一個女人，坐在尖端岩石上。我趁著一波浪潮剛潑過碼頭，奔上前去，積水路滑，差一點栽進海灣……我大叫一聲，拉著那女人的胳臂朝回跑，一波大浪鋪天蓋地潑洒下來，我倆已成為兩隻黏滑的泥鰍，扭成一團……她如同瘋子似地拖吻著我，我用力擁抱那濕濡濡的帶有脂粉氣息的深藍碎花棉襖，長吻了將近一世紀，我們終於癱臥在碼頭的石路上。

「你來這兒作甚麼？」我問她。

「不想活了。」她依然喘息不已。

「大江大海都過來了，你怎麼這麼想？神經病！」我向那茫茫的無情海，發出憤怒的吶喊。「為啥？說給于光聽，我給你出口氣！」

她撩起我的外套，用冷冷的面孔貼緊我滾熱的胸膛，不吭聲，閉著眼喘氣。

唉唉，悔不該那次排演〈原野〉，舒淳多說了一句話。原來我想請一位天津籍演員飾演仇虎，他外型不錯，從重慶回來的老演員。舒淳嫌他年紀稍微大些，不如讓我代替。我也沒有推辭，卻也應允下來。誰想到演了這齣戲，這個傻丫頭吃了醋，她從此嫉恨蕭曼珠，也嫉恨我，想不到陳茜這麼小心眼兒。

陳茜哪陳茜，阿枝啊阿枝，你要坦白告訴于大哥，你為什麼尋短見？不想活下去？如果你不把話講清楚，我一頭栽到海裡去！我從小是孤兒，家窮，連中學都沒唸完，就在戲劇團打爛仗。你跟舒淳都是大學畢業生，他父親還是國民大會代表……該跳海的是俺于光……

「我說，我說。」陳茜睜開了眼，撇著嘴，像不懂事的小女孩：「我心裡委屈呀！我……」她哭了。眼淚可都滴在我的胸膛上，癢癢的，像螞蟻在爬。

忽然，我的心向下一沉：「是不是，賈曲新欺侮了你？」

「別忘了，你還是我徒弟。」陳茜抬抬頭，換了個睡覺姿式：「我會裝醉，跟我母親學的。」

風浪稍微收斂了些，彷彿同情岸上這一對濕漉漉的青年。夜空的雲層愈湧愈厚，但是並不會下雨。夜，愈加深沉了。鼓不敲不響，話不說不明，事到如今，若不把蕭曼珠來馬公的事，和盤托出，再待何時？不過，陳茜聽了並不覺驚奇，反而十分鎮靜。半晌，陳茜突然提出一個有趣的問題：「她有小孩兒沒有？」

我搖搖頭。

「你是真不知道，假不知道？」她坐了起來。

「我沒見到她，我怎會知道？」

陳茜沉思了一下，發出一聲冷笑：「小珠子，你真厲害，你這一招真高明！」

「你說什麼？」我茫漠不解，一頭霧水。

海風重新發起了威力，呼呼地翻動浪濤。夜空上的月亮從烏雲層中露出半邊，水銀似的照亮了碼頭。我倆踏著朦朧月色走向宿舍。快分手時，陳茜悻悻地說：「小珠子離開以後，從北平給我寄來一封信，她說肚子裡有了你的孩子……這封信，我還留著，誰也不知道……是她逼著我跟舒淳訂婚……死小珠子！」

3.

由於招聘了以蕭曼珠為骨幹的十多個演員，充實了〈陸游情史〉陣容。這齣古裝愛情悲劇混合了一些封建糟粕的低級趣味，從公演以來，猶如一陣超級颱風，把澎湖群島的人捲上了半空！走遍馬公大街小巷，經過離島每個港口，不少群眾指著陳茜嚷叫：「唐蕙仙來了！」向蕭曼珠喊：「你看，伊是陸游的老母！」

賈老板為了博取經濟建設部門頭頭的歡心，特別把他們從台北請來，作專場演出。散場之後，那些穿著藏青色西服，身上散發出高級化妝香水氣息的官員，走向後台慰問〈陸游情史〉劇組工作人員。幾乎每位貴賓都對蕭曼珠、陳茜發生興趣，這也許是異性相吸的緣故吧。等我們全體演員卸粧之後，集體前往餐廳吃消夜，餛飩、肉包、麵條、甜點、啤酒和汽水；而蕭曼珠、陳茜二人，則已坐汽車陪同貴賓去了馬公，享受比較精緻的飲食。這次台北貴賓飛抵馬公看戲，安全室余人傑主任格外緊張，為了維護安全，連後台、廁所都派便衣警衛把守，一直等他們鑽進轎車駛離造船公司，余主任才鬆出一口氣。

「余主任，他們的命比咱們值錢吧？」任勛調侃說。

「嘿嘿，老弟。別這麼說話。」他拍著任勛的肩膀，友善地說：「匪諜是無孔不入，萬一發生一點差錯，咱們擔待不起啊！」

自從開始排練〈陸游情史〉以來，舒淳幾乎將全副精神投入這個宋代詩人的靈魂中。他從圖書館借回陸游的重要著作、史料，細心研究體驗。舒淳的戲不溫不火，注意集中。他在這齣愛情悲劇中，用藝術的表演將陸游的允文允武的才華，以及他「鐵馬冰河入夢來」的愛國情操，都能細緻地傳達到觀眾的心海裡。舒淳的表演成功，最感到愉快的還是我。這是由於我擔任導演的緣故。

有時我心裡充滿幻想：我設想以〈海峽劇社〉的班底，演出幾齣比較有藝術深度的舞台劇，將來去台北公演，受到文藝界的矚目，將來把我們劇社改編為國家一級劇團，那是多麼令人神采飛揚的理想遠景啊！十九世紀蘇聯傑出導演斯坦尼斯拉夫斯基，他的夢想亦是如此，他的夢想最後成為事實，他的理論最後也在〈莫斯科藝術劇院〉獲得實踐的機會。為什麼人家能做到的，咱們不可以朝向這個目標前進？

有一天喝了兩杯酒，我把這個夢想講給舒淳、任勛兩人聽，他倆都哈哈笑了！

「不可能的。老于，你太天真了！」舒淳給我澆冷水。

「你説呢？」我轉頭問任勛。

「就算將來建立了國家一級劇團，咱們照樣是小職員、跑龍套的，説話不算數。老于，想發展抱負，當英美留學生，寫一篇論莎士比亞的性慾，或是馬克．吐溫吸香煙史考，拿到碩士、博士學位，那才能當頭頭，那才可以振興戲劇、喚起民眾，報效國家！」任勛乾了杯中酒，皺起眉頭：「以後少喝米酒，一股馬尿味，我操！」

任勛好任勛，我把心都掏給了你，你怎麼老是向我臉上潑冷水？還有你，舒淳。澎湖冬天風大，夜晚冷，喝兩杯米酒暖和胃腸，躺在床上就暈糊過去。一個月工資新台幣四十八，洗臉使用太陽牌洗衣皂，由於鹹性太強，一個冬天過去，變成竇二墩。任勛嫌米酒有馬尿味，實在有些誇張。喝四塊一瓶的酒，退空瓶還有五角，你該知足了吧？什麼馬尿味，胡扯八道。〈紅樓夢〉的焦大才嚐過馬尿馬糞，那是王熙鳳命眾小廝把他捆起來，硬往焦大嘴裡塞，並非他心甘情願。我在似睡非睡、似醉非醉中被舒淳喚醒。走，牛濤找咱倆去談話。已經深夜十一點，他睡不著覺叫我們陪他受洋罪。媽的！

牛副總經理室燈火通明，洋溢著煙酒氣息。李處長、余主任也在座。

「來，先敬你們二位。咹，我先乾為敬。」牛濤拿起一瓶洋酒，倒了兩盅，然後仰頭喝光了酒。

「牛老，海量。」李維篤奉承了一句。

「深更半夜請你們來，首先報告喜訊。不過，你倆得嘴巴緊一些，要保密。咹，別把事情弄砸了，我們吃不了，咹，兜著走。哈哈！」

「什麼事，副總經理？」舒淳插嘴問。

「賈總經理，賈曲公，咹，要高昇啦。經濟部政務次長。咹，可能明年二月一日生效。這是咱們造船公司全體職工的最高榮譽。咹？」

「對，那真是。」我順桿向上爬，說奉承話。但心裡卻罵娘：別說他升次長，即使升上了部長，又跟我們幹戲的有啥關係？

「為了歡送賈曲公，我們要完成他的一個心願。咹，」牛濤吸了一口雪茄，煙味濃烈嗆人。「你們趕快編寫一齣戲，把川島芳子的風流史，包括土肥原在內，咹，越熱鬧越好，越刺激越好！咹，別忘了把李香蘭也寫進去，咹，這角色讓陳茜小姐演，請她在戲裡唱夜來香，那才夠味呢。」牛濤閉上眼睛，哼起歌來：「那南風吹來清涼，那夜鶯啼聲淒涼。月下的花兒都入夢，只有那夜來香，吐露著芬芳……」

「好！好！牛老的記憶力，真強！」李維篤這個馬屁精實在高招，他順水推舟說：「等明年二月，牛老榮任造船公司總經理，咱們舉辦一場慶祝晚會。請牛老清唱甘露寺……陳茜唱夜來香……」他用右手拍一下腦殼，「咳，我真糊塗，我咋能升主任秘書？陳茜明年二月調到經濟部次長辦公室了，我真糊塗！」

猶如一聲晴天霹靂，把我嚇了一跳。繼而冷靜一想，我們幹戲的不是奴隸，他們幾個雜碎也不是奴隸主，除非陳茜甘心為主子服務，否則誰也把她調不走澎湖〈海峽劇社〉！

「你們有意見麼？咹，沒意見就回去動筆桿子吧。」牛濤轉臉瞅一眼日曆：「今天十九，月底開始排演，劇名就叫川島芳子情史，行唄？哈哈。」

「妙極了！剛演罷陸游情史，再演川島芳子情史，這是中西愛情大結合，太妙了！一定叫座！」李維篤獨自鼓起掌來。

若是任勛在場，他不翻桌子才怪。驀地，舒淳轉頭向余人傑說：「依您看，演川島芳子這種戲，是不是違背政治立場？中國軍民打了八年仗，犧牲了千千萬萬同胞性命，才把侵略者趕出中國。如今我們為川島芳子樹碑立傳，親者痛仇者快，觀眾會有什麼反應呢？」

沒等余主任回答，牛濤不耐煩地說：「說書唱戲，圖個熱鬧嘛，你扯這些政治問題幹什麼？咹，你們年輕人，只知其一，不知其二，咹，川島芳子有一半是中國血統。她原名金壁輝，過去在華北的時候，賈曲老和她打過高爾夫球。咹，你們明白了吧？老板喜歡看川島芳子的戲，你們不演怎麼行？咹。」說著站起來，示意送客。

走出辦公大樓，氣溫低了很多，空氣卻比屋內新鮮而流暢。舒淳點上一根香煙，默聲向船塢碼頭漫步。我瞭解他的心情不好，只得跟隨在他身後。他有些內向，遇到不滿意的事，總是皺起眉頭，不愛表示意見。可是今晚他卻對演出川島芳子情史，提出反對看法。剛才牛濤的一番強詞奪理的話，怎會讓舒淳服氣？

舒淳停住腳步，等我走近，他問：「川島芳子情史，怎麼寫？」

「你別發愁，我先寫大綱，咱們藉著這個劇本，把日本軍閥在偽滿洲國的滔天罪行，揭發出來，喚起台灣同胞的愛國意識。同時，這齣戲通過川島芳子的糜爛生活，以及土肥原一群侵略戰犯的醜惡嘴臉，讓觀眾獲得覺醒與啓發：只有中國強盛起來，亞洲才有永遠的和平。你認為行不行？」

「行！」舒淳高興地跳起來：「這樣演下去，不會太沉悶吧？」

「任勛飾演土肥原，用日本話，保證叫座！你演愛新覺羅．溥儀，戴上墨鏡，背彎一些。小珠子的日語比任勛還棒，她演川島芳子，還有什麼問題？老板不是希望熱鬧、刺激麼，咱們安排一場土肥原為溥儀選妃子，燕瘦環肥，打情罵俏，準會笑破觀眾的肚皮……還有，我在戲中安排李香蘭唱兩首歌曲：夜來香、賣糖歌。陳茜的李香蘭，蕭曼珠的川島芳子，兩人為了爭寵，在土肥原關東軍司令部大打出手，展開一場槍戰，打死了十三名日本鬼子……哈哈，過癮吧？」

舒淳啊舒淳，好容易看見你臉上露出笑容，卻立刻被烏雲遮掩，愁容滿面。怎麼辦？怎麼辦？賈曲新要把陳茜調到經濟部，他安的是什麼心？

「啥時候走？」

「明年二月，正巧是春節前後。」

「你想這麼遠作啥？先演出川島芳子，再研究陳茜去台北的事。」

「老于，還有三個月，轉眼就到了。」

舒淳啊舒淳，你是不是舒淳？南開大學足球隊球員，享名天津的英俊小生……你如今變成羅亭、哈夢雷特……猶豫不決、瞻前顧後，你這樣活下去實在辛苦……三個月是九十多天，在人心浮燥的時代，戰火紛飛的時代，三個月的變化很大……若是世界大戰爆發呢？若是上面通令取銷國營機構劇團呢？若是經濟部政務次長改派別人呢？若是咱們造船公司總經理賈曲老突然心臟病猝發而嗚呼哀哉了呢？……舒淳，你笑了是不是？如果我是女人，我並不欣賞羅亭，也不愛哈夢雷特王子，當然也並不喜歡你舒淳。這是心底的話。

為了趕寫〈川島芳子情史〉，我像出家人閉關，隱身在船塢碼頭一座日本遺留的防空洞內。洞內異常寧靜，由於每年颱風來臨，巨大的浪花把洞內沖刷潔淨。同時洞有砂窗，窗外藍天碧海，寫累時，點上一支香煙，倚窗眺望浩瀚的台灣海峽，思潮猶如波濤洶湧。可嘆我少年時期一文不名，讀書太少，即使在社會打滾十來年，縱有經驗，每逢執筆習作卻有力不從心之憾，否則這兒是多麼理想的寫作環境？

住在黑暗的防空洞，聽見的只有海浪沖擊堤岸聲音。呼啦啦，呼啦啦……永不停歇地沖刷那石塊與水泥修砌的碼頭。這座防空洞，就在J字形碼頭的尖端，記得不久以前的一個深夜，我曾在這兒救起意圖蹈海自殺的陳茜，那時我卻不知道下面卻隱藏著一個隧洞。我走進來時，既未帶日曆，也沒帶手錶，為的是夜以繼日趕完這齣話劇，爭取能在月底排演。帶進來一只煤油爐，二十多個美援麵粉蒸的饅頭，一簍西紅柿、胡蘿蔔和高麗菜，兩桶自來水，一條新樂園牌香煙，以及文具紙張用品。洞內修建石板床鋪，可容二人併頭睡覺。鋪上帶來的被褥，我朝石床上一躺，呼吸著沁涼的帶有腥鹹氣息的空氣，靜寂的海岸隧洞中只有我一人。啊，海峽兩岸數億炎黃子孫，誰曾住過如此寧靜、舒服、適宜寫作而又隱秘的地方？

躺在石床上，對面靠海有兩個砂窗，窗是依照岩石鑿成。窗旁各有一塊碑石，由於年代久遠，碑文已斑剝模糊。為了雅觀，我用白報紙寫了「觀海」、「聽濤」四個毛筆大字，分貼在兩塊碑石上，卻給石洞增添幾分雅緻情調。

為了趕寫這個劇本，我從進入防空洞起，便投入緊張的創作活動。我預計寫四幕劇，一開幕是川島芳子會見土肥原大將。他看見川島芳子花容月貌，骨頭都酥了。我用最卑賤而低俗的對話與動作，創造出這個雙手沾滿中國人民鮮血的劊子手的形象，給予觀眾製造大量的笑料；接著是川島芳子帶著土肥原參觀萬人坑，讓觀眾再去難過流淚，追念中國殉難同胞的亡魂……

直到完成第二幕初稿，我才發覺出身上黏黏糊糊，散發出汗臭氣味。索性脫光衣服，推開砂窗，縱身躍進波濤之間。那一輪紅日正在西方海上，載浮載沉。海面風平浪靜，遠方有一艘貨輪正向馬公港駛行。游了約莫二十分鐘，風浪漸強，我伸出兩臂，以最快的自由式游回碼頭，爬進砂窗，拿起浴巾在週身擦了一下，便趕快躺下來。到現在我才知道疲乏是什麼滋味。

夕陽的餘暉，穿過砂窗，照在我那沾有水珠的身上，頓時感到暖意。掀去搭在小腹的浴巾，我想起身去沖淡水。不必急，磨蹭一會吧。朦朧中，聽得窗外傳來一片少年兒童的歌聲。

櫻花微笑在扶桑，
燦爛更芬芳。
駒兒似的我們
游戲在高崗，

心地活活潑潑，
身體堂皇皇。
精神充滿放光芒，
攜手樂洋洋。
相親相愛亞細亞，
努力要國強……

在一陣激烈的掌聲、喊聲和樂曲中，我發現那個身著戎裝的土肥原大將，騎在一匹棗紅色馬背上，眼睛含著驕傲與戒備的神色，向街道兩旁的群眾答禮。媽的，我躍身而起，摸了一把菜刀，追了上去。冤有頭，債有主，南京大屠殺你沒份，可是東北的萬人坑，你得償命吧？忽然，土肥原後面馬背上跳下一個面目姣好的青年軍官，一把拽住了我的手，輕聲細語：「老于，冷靜一些。留得青山在，不愁沒柴燒。你才三十出頭，如果你犧牲了自己，多麼可惜！你怎麼刺殺土肥原，他有幾十萬軍隊。」「你是誰？」那青年軍官摘下軍帽，露出烏黑涓光的秀髮，朝我擠眉弄眼。「你是川島芳子，對吧？」「老于，你醒一醒，你寫劇本是一回事，現實又是一回事，你別把自己攪糊塗了。我是陳茜！」「啊，陳茜，我記得你飾演李香蘭，你的戲在第三幕，我還沒寫呢。」她把我拉上馬背，轉頭向回飛奔：「我陪你回去寫劇本，看你怎麼編、怎麼寫？只要我有一點不滿意，小心我使馬鞭抽你！」

陳茜啊陳茜，我待你那麼好，你咋翻臉無情？我拿起了筆，手在發抖，心在發顫，雖然不敢看她，卻聽到她脫衣服的繌綷聲響。我剛執筆寫字，忽聽劈呀一聲，我的肩膀被馬鞭抽得火辣辣、麻酥酥的。回頭一瞅，發現陳茜一絲不掛，赤裸裸的，正舉起馬鞭子抽打我。你趕快把衣服穿上，行唄？若被別人看見，我倆從今怎麼有臉見人？陳茜哈哈大笑：「老于，我是跟你學的。聽說你們山東人晚上睡覺連短褲都不穿。到今天我才相信。你大白天睡覺光著睡，真是給孔夫子丟人！」我撲向前去，抓住了她的腿。士可殺不可辱，我一定咬她一口才解恨。陳茜雙手抓緊我的腰，一個掃襠腿把我甩在地上。我覺得天昏地暗，日月無光……我覺得腰間憋得難受，啊，血，血……怎麼會淌出了血……我捂著肚子中的腸胃心肺哭泣……最後我哭醒了……

天尚未黑，卻已點亮了煤油燈。陳茜披著我的深藍色袂克，穿著短褲，正在做菜。我把浴巾裹在腰間下床。走到她身後，雙臂摟住了她的苗條的腰身。

「你做啥菜？」

「西紅柿、白菜、粉條、軍用牛肉罐頭。大鍋菜，跟你學的。」

「牛肉罐頭是你拿來的？」

「託人去馬公福利社買的。我給你帶來兩罐，留下兩罐。」

「誰告訴你我住在這裡？」

「任勛。」

「吃了晚飯，趕快回去。」

「我偏不回去！」陳茜瞪眼珠子：「我睡我的覺，你寫你的劇本，等天亮我再回去，誰也管不著。」

「這咋行？萬一給人家碰見，咱們倆只有一條路──」

「結婚。」

「跳海！」

「去你的！」她返身踢了我一腳：「趕快去穿褲子，準備吃飯！」

這頓晚餐吃得不是白饅頭，也不是混合白菜、粉條、牛肉和西紅柿的大鍋菜，而是蜜蜂釀造的蜜糖，我感到無限的溫馨與幸福。我不僅忘記了時間，也忘記自己從哪兒來，以及目前住在防空洞所擔負的任務。川島芳子、土肥原這些靈魂充滿污穢的人渣，早被窗外的浪濤沖走；祝英台和IQ零蛋的梁山伯、茱麗葉和愛打架滋事的羅蜜歐、甚至那個喜愛戲曲藝術的唐明皇和為減肥而終日泡溫泉的楊玉環，他們的愛情故事家喻戶曉，算不了什麼？那由於白居易、莎士比亞等人用誇張渲染手法，編寫出作品而已。他們怎比得上我和陳茜的愛情充滿羅曼蒂克？

「老于，乾杯。」她舉起一只盛滿米酒的湯匙，朝我敬酒。

「來，乾杯。」我端起罐頭筒喝了一大口酒，沒有馬尿味，卻有牛肉湯味。

「渴多了，可不能裝醉！」陳茜提出警告。

端望著陳茜的秀麗的微紅的面孔，我已如醉如痴，像喝了兩斤瀘州大麯，已經不能自主了。放下罐頭筒，用浴巾抹去嘴角的酒汁，我上前用力抱緊了她。阿枝阿枝啊阿枝，你剛才一個掃襠腿把我甩在床上，阿枝，你在哪兒學來的柔道？……什麼，我說胡話？我要報一箭之仇……阿枝好阿枝，是你來防空洞找我，不是我把你誘騙來的……你說啥？顧及身體？……寧在花下死，做鬼也風流……我倆折騰到天色破曉，窗外的遠方泛出魚肚白，陳茜才拖著疲乏的腳步，走出防空洞。臨走她留下一句俏皮話：「碰見熟人，我說來碼頭練太極拳，減肥。」

陳茜給我帶來了創作熱情。她走了後，不到一個星期便趕完四幕劇，全部〈川島芳子情史〉脫稿。我把稿件託任勛帶回去審查、複印，設計舞台景型裝置。我吃下三粒安眠藥片，準備在防空洞睡上三晝夜，再返回人間。

如果這次我吞下大量安眠藥片，一睡不起，長眠在這幽暗的隧洞，那是多麼幸福！是啊，雖然活了三十二歲，但是我的經歷卻是何等豐富！從小是孤兒，擺過地攤、賣過煙捲兒；為了學習演戲，作過「提詞兒」，站在昏暗的佈景片後，念著模糊不清的劇本，聲音大了挨罵，嗓門過小發生不了效果，我做了兩年「提詞兒」，結識了不少著名的劇作家、導演和演員，但是對方卻不記得我，即使喊我「小于」，他們也搞不清是「余」、是「虞」，還是「于」？

有一天，我鼓足勇氣問一位導演：「先生，我能寫劇本嗎？」

「啊，很難。」對方吸了一口香煙，嘴角露出輕蔑的微笑：「你上過中學麼？噢，不要緊，莎士比亞也沒上過中學，他在倫敦戲院跑龍套，結果還不是成了名。」他低下頭去，繼續研究手上的劇本。他怎會知道當時我手上正拿著剛完成的一個舞台劇本呢。

我後來離開濟南，去了天津。我的破皮箱內藏著這個劇本。有一天晚上，也許我多喝了兩杯酒，竟然把它從箱子裡翻出來，拿給一個女演員看。第二天晚上，我們演過戲，出來吃消夜。那女演員走到公園一角，坐在椅子上，一面剝著糖炒栗子，誠懇地對我說：「老于，你的劇本我看完了，害得我哭了很久。你寫的那個男主角，從小受苦、流浪，夢想將來成為一個演員，後來死在舞台上……他就是我的父親！」

阿枝啊阿枝，她的悲涼而充滿戲劇性的身世，只有我最清楚。恐怕連她未婚夫舒淳也不知道。她那個熱愛歌仔戲曲的父親，原是住在嘉義山地的高山族，參加歌仔戲班以後，愛上一個年輕貌美的漢族演員，他們生下女兒，依舊在戲班生活。有一次，日本警察耍酒瘋，調戲他的妻子，這個高山族打了日本警察一個耳光，因而被捕入獄。出獄後，由於受了內傷，在台灣東部演野台子戲，當場暈倒台上，沒等送到醫院便一命見了閻王。那個堅忍不拔的女演員，滿懷悲憤的心情，帶著幼女，偷渡到了福建，隱姓埋名，把女兒送到學校唸書。她的名字叫陳阿枝。這原是她母親的名字。

阿枝啊阿枝，這是一個美麗的名字，我千呼萬喚總不厭倦的名字啊，你為什麼改成陳茜？是南開大學的同學笑你，還是你參加話劇社演出丁西林的獨幕劇〈一隻馬蜂〉，你們導演為你改的名字？我想，若是你母親活著，她一定不同意的。

原來計劃在防空洞內熟睡三晝夜，但只睡了不到三十個小時，便被任勛拖起來改劇本。牛濤堅持刪掉萬人坑那一場戲，改為滿映公司攝影場，以增強太平盛世氣氛。任勛還模倣牛濤的講話腔調說：「這個戲是寫川島芳子的風流史，咹，你們抗那麼多日幹啥？這不是驢頭不對馬嘴麼？咹，萬人坑，這是于光瞎編亂編的，你問這個山東垮子，咹，萬人坑在東北什麼地方？咱們演戲歸演戲，揭這些歷史上的不幸瘡疤做什麼？對日本，對咱們國家，咹，都沒啥好處。要趕快刪掉它，重寫！」

轉頭瞅望砂窗外的浩瀚海峽，浪濤萬頃，我如今賭氣、任性，倒楣還是自己，何況還有〈海峽劇社〉幾十張嘴巴等著吃飯？媽的，忍片刻風平浪靜，退一步海闊天空，我用手背抹掉眼淚，扶著石壁緩慢坐下來，頭還是昏昏沉沉，可能安眠藥的催眠作用。點上一支新樂園煙，我對任勛說：「這場戲容易寫，你先回去吧。明兒早上來接我出去。」

任勛點著爐子，燒開了一壺水，給我沖了一杯茶，輕聲細語地說：「你慢慢寫。我走了。老于，忍字咋寫？刀子插在心口上。小珠子哥哥、我的同學蕭熙……抓走了，說他們是南下工作團……」

「蕭曼珠，她怎麼辦？」我的心噗噗直跳。

「她怎麼辦？只有等候消息。誰知道把他押在什麼地方呢？」任勛剛要出去，卻回頭來叮嚀我：「蕭熙的事，別對外說，免得惹麻煩。」

我的心猶如一團亂麻，不知該怎樣去安慰蕭曼珠？而且我也開始恐懼不安。兩個月前，我和任勛在馬公第二檢查哨登記，訪問對象就是蕭熙；其實我並不認識蕭熙，我想見的是蕭曼珠，如今白紙黑字已經留下記錄，這不是自找麻煩？……也許是一場誤會吧？一個國民黨忠貞份子，曾在華北和左傾教授進行論戰，怎麼會變成南下工作團員？這豈不正是大水沖了龍王廟，自己人不認識自己人嗎？……

4.

牛濤老狐狸真厲害，他親手設計的〈川島芳子情史〉話劇，橫掃澎湖，而且招待台北貴賓專場演出多場。若不是春節即將來臨，我們準會去台灣各地公演。牛濤接任總經理，李維篤升任主任秘書，〈海峽劇社〉的同仁也發生變化：舒淳去了台北，準備出國留學，這是他的當國大代表父親的力量。舒淳原想帶陳茜一起走，誰知陳茜不但不依從，反而連訂婚的事也予以否認，她的理由很明確，既無訂婚證書，也未宴請親友，憑著一張嘴巴宣揚一下，管什麼用？

舒淳和陳茜感情早已產生嚴重的裂痕。去年秋天，陳茜被邀去馬公陪酒，舒淳懷疑陳茜有了身孕，兩人為此吵架，甚至陳茜企圖自殺，那晚還是我碰巧發現，把她拖回來的。更重要的是陳茜反對他出國留學。她的信仰非常單純而執著，作一個中國人，首先應該愛自己的土地，把它建設成理想的樂園。兒不嫌母醜，狗不嫌家貧。若是一個男人總想朝外跑，他不可能是一個好的丈夫。

舒淳是一個具有深厚潛力的舞台演員，外型好，聲音富於感情，而且清朗悅耳，更難得的是他在演劇理論與實踐上都具有一定的修養。這次他飾演愛新覺羅．溥儀，把那個滿清末代皇帝的自卑自大，懦弱昏庸的醜態，都從舞台上表露無遺，像舒淳這樣的優秀演員離開劇社，豈不是我社最大的損失？

「你打算到美國學什麼？」我曾想阻止他的行動。

「先出國再說，我也沒有具體的計劃。首先面臨的困難就是外國語文問題。」

舒淳講話很實在，他皺起眉頭向我苦笑。

「那你就甭走了。」我順水推舟說。

「那怎麼行？我父親的話也有道理，一個人總不能演一輩子戲。」舒淳兩手一攤，向我作了結論。

儘管我不贊成舒淳離開〈海峽劇社〉，但是為了達成他的心願，也不能強留他。那天風很大，我和任勛邀舒淳去馬公一家菜館喝酒，為他餞行。酒後見真情，舒淳離開我們，流下感傷的熱淚。從天津結識，在一起演戲、聊天、喝酒、抬槓，我們沒有隔夜的話，簡直比親兄弟還親。如今即將分離，覺得難捨難分。最讓我歉疚的則是我和陳茜有了逾規的行為，這是壓在心底的一塊石頭，讓我喘不出氣來！

「你不打算再跟陳茜和好了？」我抓住舒淳的手，問他。

他苦笑搖頭。

「她一直很愛你，舒淳。」

「她也愛你。」舒淳懇摯地說：「等我下一次見到她，她就是我的嫂子。」

我覺得一陣心酸、難過，眼淚不由奪眶而出。

「老舒，臨走，我想求你一件事。不知道你願意不願意幫忙？」沉默了半晌的任勛，端起酒杯向他敬酒。

「你說吧！」舒淳喝盡了杯中酒。

任勛的酒喝得最多，眼圈已經泛紅，噙著熱淚，帶著哽咽的聲音，用手按太陽穴，藉此壓抑想哭出來的力量。……舒淳好舒淳！你行行好，求舒伯伯給教育部寫一封信，救出蕭熙來！我以身家性命作保，蕭熙是個頂天立地男子漢……他在偽滿監牢蹲了半年多，從來沒發過愁、嘆過氣。他把孫中山看作玉皇大帝，他在監獄還勸我參加國民黨，等日本軍閥滾出中國，同心協力建設新中國。像蕭熙這麼愛國的人，為啥一過台灣海峽就變成叛徒？這是天大的寃枉啊！

一觸及政治問題，每個人像喝下一杯冰水，腦袋馬上清醒過來。為了此事，我也思慮很久，若是蕭熙參加了什麼南下工作團，他為啥不在南方工作？卻渡海來到這馬公港內一艘破船上坐水牢？這豈不是自投羅網？

舒淳滿口答應到台北後，把這件事告訴父親，盡力幫忙。舒淳走後不到十天，任勛竟然失蹤。眼看春假到了，〈海峽劇社〉將演出三場〈川島芳子情史〉，我接替舒淳的愛新覺羅・傅儀角色，但走了土肥原，實在找不到理想演員擔任，何況也不會講日語。我跑去向牛總經理報告，趁此機會探聽一下任勛的去向。

牛濤升官後，比原來的總經理辦公室擴建一倍。走在綠色地毯上，輕柔無聲。不知從哪兒飄進來的樂曲，彷彿從腳底浮起，那是輕盈醉人的森林圓舞曲。通過秘書的轉達，我坐在沙發上等待接見，隱約地聽見牛濤發出低喟的聲音：「咹，余主任怎麼說……先叫他回來麼，咹……」呆了一會兒，女秘書把我引進會客室。工友端給我一杯蓋碗茶。剛想端起來喝，牛濤走出來，握了手，他一屁股倒在皮沙發內：「春節演戲，咹，沒什麼問題吧？」

「有問題。」我說：「任勛走了，我們劇社誰也不能演土肥原。」

「你們為啥向牛頓學習？咹，大貓鑽大洞，小貓鑽小洞，挖一個大洞不就行了，咹？土肥原走了，換文泰說中國話演中村次郎，不就解決了問題嗎？咹，走了一個任勛急啥？走了賈總經理，咱們造船公司還不是照常工作、營運？咹？」

牛濤的這些話，像從相聲演員口中說出來的，短小精悍，邏輯性強，而且淺顯易懂，讓我聽了紅著臉陪笑。我猛然想起來找牛濤真正目的，還是探求任勛的下落。我單刀直入地說：「任勛不明不白走了，影響很大。外面謠傳他被抓起來了，他到底犯的什麼罪？我們劇社全體同仁都是追隨政府來台灣的。總經理，我們有沒有政治問題，您最清楚。……」

牛濤從茶几上的呂宋菸盒拿出一根雪茄，燃上吸了兩口，房內散發出呂宋菸香。「任勛下午就回來，哈哈！他跑到馬公陸軍三十九師躲了幾天，想參加他們政工隊，他們不敢收容任勛。余主任向他們要人，說不定下午就回來。咹，任勛一定是兵油子，會開小差，咹？」

我聽牛濤這麼說，心裡也就踏實了些。任勛當天晚上便回到宿舍，臉色不好，眼神呆滯，他那失神落魄的樣子，好像大病初愈。我問他上哪兒去了？他支支吾吾，一下說去過馬公，一下又說去華陽艦，顛三倒四，矛盾重重。我心裡明白，華陽艦的長白師院學生早已搬走，除了兩名政治嫌疑犯被扣押以外，其他都乘船去了台灣。最讓我不解的，任勛此次出走，為什麼瞞著我？如今回來，他又存心躲避我，這葫蘆裡到底賣的是什麼藥？

自從蕭熙被捕以後，蕭曼珠卻沒有發生什麼變化。她除了參加演戲，閒來無事，不是打毛線衣就是看文學作品。經過一年多的流亡生活，她走遍了半個中國，最後從海南島來到澎湖，蕭曼珠顯得成熟而穩健，即使和我再度重聚，她也不像過去那麼噘嘴、撒嬌、使性子。如今她已經長大了。

為了任勛的事，我想託蕭曼珠從中幫助，也許會改變他沉悶心情。傍晚，我約她到碼頭散步，太陽如同一個紅火球，正貼在水天一色的西方。幾片灰色的雲絮，飄曳著讓人賞心悅目的舞姿。彩霞把海峽塗上一條絢爛的五彩大道，那大道上正有兩輛車子駛來……那不是車子，定睛看時，才看出是二艘漁船。我點上一支煙，吸了兩口，嗆得咳嗽。

「扔了吧！瞧你瘦得跟麻稈兒似的，戒煙那麼難嘛？」

我笑了，好久沒聽見這種嘮叨聲音。

「過年，咱們包餃子吃吧。」

「行。」

「啥餡兒？」

「隨你。」

轉頭瞅她一眼，覺得不是滋味。

「韮黃豬肉餡行唄？咱們四個人去王大嬸家過年，包餃子，帶兩瓶小高粱酒，米酒有馬尿味兒。」

「王大嬸是誰？」

「咱們公司一個技術員太太，挺喜歡陳茜。河北昌黎縣人，是個戲迷。」

「你跟陳茜常去她家？」

「我沒去過。」

「哪四個人去？」

「你、我、任勛，還有陳茜，行唄？吃了餃子，湊一桌打麻將。」

「叫我當電燈炮兒，沒門兒！」這個身材健美的丫頭，撒鴨子朝碼頭前沿跑，嚇得我在後面喊她止步，多危險！萬一不小心滑到海裡去，天這麼冷，淹不死也會發燒感冒。

晚暮從遙遠的海峽，一浬一浬逐漸濃重。遠天，出現一顆亮晶晶的星。回頭向岸上望去，煙籠霧鎖，船塢宿舍一片茫茫，有的地方已閃爍起燈火。

我們坐在港邊石頭上，看潮水湧泛，有時會濺濕了褲腿。蕭曼珠輕聲哼起了歌曲：

遼河的水呀

松花江的浪，

……

曼珠啊，小珠啊，唱這種讓人思鄉掉淚的歌曲幹啥？豈不是折磨人麼？眼看過春節，人家還故意躲避有關故鄉的事物，你咋唱這些歌曲撩人鄉愁？既然出門在外，最好忘卻過去的記憶，重新開創新的天地。我走近蕭曼珠身旁坐下，故意中止她的歌唱：「過年吃啥？」「隨你。」「韮黃豬肉餡餃子？」「行。」「咱們四個人去王大嬸家。」「不行。」「那去幾個？」「三個。」「把誰丟在宿舍？」「高山族。」「那叫她吃什麼？」「大鍋菜。」「你怎麼變得這麼殘忍呢？」「時代變了，人心也變了，蕭熙為了替同學爭取權益，結果被扣上紅帽子，這不是殘忍是啥！」我默然無語了。「早知落得這個下場，咱們千辛萬苦跑到台灣做甚麼？偽滿時期，我哥坐過牢，盼星星、盼月亮，好不容易熬到東北光復，可是祖國也並不心疼我們呀！有時想一想，倒不如作亡國奴！」「你不能這麼說，為了東北光復，咱們同胞流了多少血汗？犧牲了多少寶貴的生命？眼前雖然黑白不清、是非不明，可咱們總是堂堂正正中國人！你放心，說不定你哥會出來過年。」她不作聲，低頭擦眼淚。

一陣雨驟然間洒下來，來不及考慮，我拉起她的手就朝那個隱秘的邃洞跑。鑽進防空洞，外面雨愈下愈大，拍拍裌克的雨滴，我摸索著走近窗前，讓她坐在石床上。

「你來過這地方？」她輕聲問我。

「來過。〈川島芳子情史〉就是在這兒趕出來的。」

「空前偉大的創作。」

「丟人現眼的創作。」

「過春節，任勛演土肥原？」

「那還用問麼？即使換人也來不及了。」

「老于，你得考慮清楚，萬一任勛上台以後，講不出話來，咋辦？」

蕭曼珠啊，你是神經過敏，杞人憂天，任勛回來這幾天不愛講話，可能精神受了刺激，呆兩天就會恢復正常；他向來樂觀豁達，豪爽熱情，遇到不順心如意的事情，就愛發牢騷，像他這種性格的人怎會失常？我是絕不會相信的。我囑咐曼珠：

「你去勸勸他，跟他聊聊，這次出去沒受啥委屈吧？」

雨是停了。砂窗外的晚空，閃耀出亮晶晶的星。我掏出香煙，剛抽出一支準備點火，卻被一隻溫柔的手抓住不放。緊接著她的頭倒向我胸前，撒嬌說：「我想吃牛肉燴煎餅，過年你做給我吃！」

「嘿嘿，沒煎餅鏊子咋做呢？」

「用平底鍋。」

「我跟王大嬸商量一下再說。」

「甭去她家，就在防空洞過年。」

曼珠好曼珠，你抓我的胸毛幹啥？癢癢的，噢，鬆手，好疼。走吧，雨停了。

我回去看看任勛在做啥？他已經四五天沒講話了。……我的新裌克怎麼墊在下面？……若是任勛再不吭聲，真得找人代他上場了……小珠小珠，你看誰演中村次郎？還是土肥原的台詞，只是用中國話講。你別摸索了行嗎？昨天晚上沒沖澡，身上好髒……你……用嘴巴堵著……不准我講話……憋死我了……不行啊……萬一有肺病……傳染給你？把脖頸上的珊瑚項鍊摘下……帶你走？哈哈……又說孩子話……你不是金子，我也不是仇虎……慢一點……別忘了這裡四面環海……別咬我……〈原野〉怎麼能演？曹禺不在台灣……曼珠曼珠好曼珠，你把人折磨得夠嗆……今天是臘月二十三，灶王爺上天……回去衣服統統要換……你甭笑，明天開小差，作任勛第二……等我和她走出防空洞，已經夜闌人靜。天上飄著淒冷的毛毛雨，港內的浪潮嘩啦嘩啦的湧泛著，彷彿對我倆的幽會發出嘲笑……

老遠，辦公大樓的安全室燈火通明，其他是一片漆黑，像一匹恐龍只睜著一隻閃爍的眼睛。我心中有些泛疑，莫非和任勛有關係？我叫蕭曼珠先回宿舍，我去探望一下，到底發生什麼事情？我緊裹著深藍色裌克，隱身在飄雨的陰暗樓角，即使有人從我身旁走過，也難以發現我的蹤跡。隱立在樹後，我看見余人傑正在和任勛談話，旁邊有兩個陌生人作筆錄。

任勛面向窗外，燈光投射在他焦黃的臉上，眼珠微腫，嘴角還有血漬。余人傑的肩膀寬，講話聲音不大，但肩膀忽左忽右，忽高忽低，從偶而聽到的話語，可以猜得出他是勸說對方招供。

「蕭熙在哪兒參加南下工作團？」余主任提高嗓門問他。

任勛無奈地搖頭。

「奇怪，既然你招認蕭熙是你吸收的，怎麼又翻供呢？」

任勛睜大眼睛，尋思一下，又搖頭。

「任勛，你既袒護蕭熙，又想翻供，你是什麼意思？有人說還有一個陳熙，是你們同伙，進了文工團？」

天哪，任勛笑了。他的笑，使我猛省過來。有一天晚上，演完了〈夜店〉，王大嬸帶著蒸餃來後台找「陳茜」，任勛開玩笑說：「陳茜參加文工團，沒來澎湖。」這是多麼好笑的事啊！

房裡的人吸煙、喝茶，交換意見。任勛搭拉著頭，似睡非睡，似醒未醒，他的不說話對策，實在令對方無法進行審訊。趁他們將要結束，我從前院花圃繞路回了宿舍。果然，次日上午，我接到李主秘的通知，〈川島芳子情史〉的土肥原一角，按照總經理指示，改為中村次郎，原台詞改用華語；任勛因病由醫務室王清風醫師陪同赴高雄醫院檢查治療。

關於換角色的事，根本不成問題。〈海峽劇社〉的演員都有舞台經驗，剛招進來的文泰，過去是中電三廠演員，拍過幾部故事片。他是在青島撤退時，跟著地方保安團隊，補上「文書上士」名額，倉促搭海輪來了澎湖。文泰投考我社錄取以後，他服務的部隊起初不肯放人，後來李維篤親自向三十九師講情。他們也覺得留著這個官不像官、兵不像兵的活老百姓也是累贅，況且身為文書，字卻寫得蹩腳，每次團部驗收業務總評為丙等。文泰離開連隊，那位連長直唸阿彌陀佛！

我決定文泰飾演中村次郎，乃是受到牛濤的壓力。開始對詞兒，蕭曼珠就有點不高興，因為文泰的表演經驗豐富，但因未受過嚴格排演訓練，無論唸台詞、表演動作都有點誇張，用一句俗話來說，文泰是個戲油子。觀眾喜歡他。蕭曼珠卻不知道大多數的觀眾，不懂表演藝術，凡是誇張的戲才最能討好觀眾。

由於春節忙著演戲，暫時忘卻一些苦惱的事。除夕晚會，海報貼出公演〈川島芳子情史〉，反應並不熱烈。一則這齣戲演出十多場，大部份職工眷屬都曾看過，像王大嬸那樣的熱情觀眾已看過數次，她幾乎連陳茜的有趣台詞都已背誦而出。況且除夕大年夜，不少職工眷屬聚在一起賭博，那有興緻再來看話劇？

我正發愁，李主秘匆忙趕到後台，向正在化妝的男女演員宣佈喜訊：「前任總經理賈曲老陪同經濟部長、部長夫人及公子，蒞臨公司慰問職工家屬，今晚出席晚會，欣賞你們演出。」

話剛講完，文泰便問他：「李主秘，觀眾能來幾成？」

「十成。」李維篤笑道：「我已通知各單位，凡是參加除夕晚會的，按平時加班費核發，無故不到的記過。」李維篤走到梯口又折返回來：「文泰，總經理叫你賣點力氣演，他看過你演的電影。反正今晚上過年，開黃腔也沒啥關係，太平盛世嘛。……啊，對了，任勛回來了。高雄有名的大夫診療結果，得了什麼……失語症……他這一輩子不能演話劇了，只能演個啞巴角色……」

我代替舒淳演偽滿皇帝，戲不多，而且在第三幕，趁此機會溜出後台，趕往宿舍去看任勛。他搬進一間小房，靠窗擺著一張木板床，屋角堆的道具、戲裝。床前有一隻茶几，上面放著茶杯，暖水瓶和幾本書。任勛正在吃麵條，見到了我，放下碗筷，眼淚奪眶而出。我攥住他的手，連忙說：「老任，趕快吃，別涼了。」任勛並不聽話，只是目不轉睛瞅望我。我把今晚演員調配情況，講給他聽。他點著頭。我最後安慰任勛，好好養病，大江大海都過來了，咱們還有大半輩子要奮鬥哩。千萬不能灰心喪志，那才是最大的傻瓜！任勛用手抹去眼淚，向我笑了。

走向禮堂後台途中，看見不少憲警在巡邏，想是為了維護部長安全。我低頭想，任勛是真的患了失語症，還是藉此躲開情治機關的疲勞審問，故意裝作啞巴？若是他以裝啞巴來逃避現實，那真是中國知識份子的悲哀！剛要步向後台的門，一位警察堵住去路。「你找誰？」「我誰也不找！」「請你回去，這裡禁止出入。」「我是皇帝，也是導演，我若不進去，這場話劇演不成！」那位警察憤憤地說：「你先生脾氣可真不小，誰惹了您了？」「小孩沒娘，說來話長。同志，等散了戲，我請你喝兩杯，聽我吐吐苦水吧！」警察心軟下來：「你先生哪像皇帝？還趕不上我這個小警員呢。皇上，請進吧！」我一邁上台階，他叭地一聲來個舉手禮，嚇了我一跳。

任勛成為啞巴，使我精神上受到嚴重打擊。原來是卑躬屈膝、懦弱自大的愛新覺羅．溥儀，卻讓我演成「橫眉冷對千夫指」的血性漢子。最妙的台下還一直鼓掌叫好。至於文泰，更是受到史無前例的滿堂彩！按說土肥原和川島芳子配戲，原是配角，如今文泰換成「中國通」中村次郎，卻吃掉了川島芳子的戲，他喧賓奪主成了重頭戲。台下掌聲愈是響亮，文泰的戲愈是誇張，有的地方他即興講話，簡直成了民國初年上海的「文明戲」。

原來第二幕的一場戲，川島芳子只是想叫土肥原送她一匹蒙古馬，出外打獵。但是文泰為了討好觀眾，故意調戲川島芳子，兩隻色迷迷的賊眼，一直溜向對方的玉腿。台下的觀眾歡喜若狂，口哨聲此起彼落。

「你不去牽馬，老瞅著我幹嘛？」蕭曼珠為了怕冷場，添了這麼一句台詞。

驀地，文泰冒出一句怪聲怪調的話：「你的腿，大大的漂亮，我想……米西米西……」

台下，掀起一陣排山倒海的笑浪。

「中村將軍，您今晚上沒喝酒吧？」逼得蕭曼珠也得臨時添新台詞。

「酒？大大的有……花姑娘，塞古塞古的幹活！」文泰咧開血盆大嘴，如醉如痴地去抓她的乳房，而且講出卑劣下流話。

啪地一聲，蕭曼珠摑了文泰一耳光！

台下，觀眾興奮地站起來，同時響起暴風雨般地掌聲！叫好聲！

若是斯坦尼斯拉夫斯基在場，他會憤怒地把文泰拖下舞台，扭送法院，控告他違反劇場紀律。我壓抑住煩惱與不滿情緒，掀開幕角，我看到坐在前排的部長、將軍、局長、縣長、公子、千金，一個個笑得東倒西歪，捂著肚子叫娘。於是心平氣和，脈膊也恢復正常。心想：大年三十晚上，生這些閒氣幹啥？只要他們說好，就是好，何必那麼認真？

果然，落幕之後，那些坐在前排的馬褂兒，帶著同情心腸上台和男女演員握手、慰問。賈曲新摸著西瓜肚皮走近陳茜，輕聲問：「公文收到了麼？我要借重你的長才……哈哈！」李主秘低聲告訴蕭曼珠：「部長的公子問你哪個大學畢業？他想跟你作朋友。」站在我身旁的蕭曼珠，故意提高嗓門讓別人聽見：「請你告訴他，我高小畢業。我丈夫當排長在海南島陣亡，手裡有一點撫卹金，問他想不想娶小寡婦？」李維篤楞了一下：「你不是開玩笑吧？」「婚姻大事，豈能兒戲？李主秘，說成了，我送你兩瓶洋酒。」李維篤邊說邊走：「我盡力而為。」

馬褂兒們在憲警人員維護下，剛走出禮堂，另一波熱情的觀眾湧進後台。王大嬸手握電筒趕來找「陳西小姐」。我聽了馬上想找余人傑，請他聽一聽王大嬸的稱呼。文化程度稍低的人，不認得茜字，一般都唸成「西」。陳茜正卸粧，聽見王大嬸找她，馬上迎了出來。王大嬸在她耳朵旁嘀咕半天，最後走了。我早已卸粧，在人群中發現王清風醫師，趕快喊住他詢問他有關任勛的病情。

這是一種難以檢驗也不易治療的病。所謂失語症，是由於大腦言語中樞病變，引起了言語功能障礙。通過高雄醫院的診斷，他們認為任勛是運動性失語：他雖然聽懂別人的話，可是任勛自己卻不能說話，成了啞巴。

王醫師江蘇無錫人，和我感情不錯。他說患「失語症」的人，大多半都是腦瘤、腦炎、顱腦損傷，或是腦血管意外等病引發的。他說：「老任到底過去腦部患過什麼病，他不會講，也寫不出來。我們曾用日語問他，也得不到結果。我建議把他送到台灣東部長期療養，可是安全室余主任不同意，說他過去是南下工作團負責人，長白師院兩個幹部，都是他吸收的。我有點懷疑，任勛這種暴燥脾氣，他有這麼大的本事嗎？」

我想抱頭痛哭！任勛好任勛，為啥你甘心作蠟燭，燃燒自己照亮別人？莫非過去蕭熙對你有恩情，如今你用性命來報答他？

陳茜走過來說，王大嬸邀請蕭曼珠、任勛、陳茜和我去她家打麻將、守歲。我聽了非常感動，王大嬸本來討厭任勛，如今聽說他患了失語症，她的心就軟了。

5.

春節在辟辟啪啪的鞭炮聲，嘩嘩啦啦的麻將聲，以及昏昏噩噩的碰杯聲中，悄悄溜走。天還是半陰半晴，陽光像蠶蛹一樣蜷伏在雲層之間。海依然毫無倦意地湧捲著，一波一波向碼頭推進，最後浪尖沖刷岩石，激起一團炫耀奪目的浪花。

文泰從演出中村次郎，一炮而紅，調升〈海峽劇社〉社長，搬進辦公大樓。過去舒淳當社長，和大伙兒同吃、同住同演戲；如今芝蔴大的屁事也得朝辦公大樓跑。搞得士氣低落，怨聲載道。如果任勛不患失語症，他不跺腳罵娘才怪哩。

文泰上任第一天，召開社務會議，宣佈今後的領導方針八字訣，乃是「開明專制，絕對服從」。大伙兒聽了這充滿矛盾的話，捂住嘴巴，像一群戴口罩的男女清道夫，你瞅我，我瞅你，聽候差遣。

「過去，人家瞧不起咱們幹戲的。為什麼呢？啊，生活散漫，吊兒郎當，張嘴就是黃腔。啊，記得國父中山先生說過：人必自侮，而後人侮之。啊，總經理牛公也說過：台上是瘋子，台下是君子。這是我們劇社同仁的座右銘。啊，請同仁一定牢記心頭，不可疏忽大意。」

文泰喝了一口茶，繼續講起遠東形勢，以及有關韓戰的最新狀況。幹戲的朋友，有一半以上對於國際事物不甚關心，聽起來味同嚼蠟；而這位文社長講話錯誤百出，讓人哭笑不得，最妙的則是他認為美軍參加韓戰，如虎添翼、勢如破竹，打得史達林、彭德懷屁尿直流，彷彿北朝鮮軍隊按兵不動，完全依賴外國軍隊一樣。

蕭曼珠把右手一揚，提出疑問：「請問社長，金日成跑哪兒去了？」

「金……子……盛？啊，金子盛本來準備跨過鴨綠江，蘇聯打電報命令他按兵不動。啊，駐防瀋陽。這是準備抵抗美軍的進攻。啊，國父說過：人要作最壞的準備。……」

「您這麼一攪和，把我這個瀋陽人搞糊塗了。史達林下令金日成駐守瀋陽，這算什麼戰術？」

「戰術？孫子兵法上有，啊，這叫做兩快一慢戰術。咱們這邊小諸葛白崇禧會用，他們那邊林彪會用，這種戰術，啊，非常厲害。」文泰講到這裡，抬頭問蕭曼珠：「你現在明白了嗎？」

「這種戰術我也會。」蕭曼珠輕描淡寫地說：「兩快一慢，扭秧歌嘛。」

鬨地一聲，大伙兒笑了！

「梁任公說，笑是人類的衛生丸。啊……」陳茜插嘴說：「這句話是土肥原講的。」在一片激烈笑浪中，陳茜走出會議室。我點上了一支香煙，也溜了出來。

阿枝好阿枝，你是個活寶。你非要讓我笑破肚皮才滿意，是吧？什麼？你為這位仁兄，決心去經濟部？他們以九職等編審缺給你作機要秘書，工資比這兒高一倍，還有房租津貼、公保醫療……但是，你離開演劇工作不留戀麼？……演戲是青年的末路，這話是魯迅說的。……不對，是文泰先生說的。哈哈。你還是再考慮一下，賈曲新不是好東西……你小心給他騙了，……阿枝好阿枝，文泰跟姓賈的比起來，文泰是好人、笨人、可憐的人……也許你現在不相信，早晚有一天你會相信我的話。

我不能埋怨阿枝不聽我的話，甚至等上十年、二十年，她才看到賈次長和文泰人格發展變化。陳茜離開風沙料峭的澎湖，到台北工作，不但視野見聞開闊，在事業上也有一定的發展。何況文泰在牛總經理支持下，今後〈海峽劇社〉的工作方向，有了改變，以雜耍、相聲、魔術、歌唱、舞蹈為主，而話劇只是陪襯而已；換言之，如有熱鬧、刺激、政令宣傳性的戲，偶而演兩場，若缺乏這類腳本，索性不演。

文泰的見解並非沒有道理。若是選劇本，留在大陸的作家作品，根本不敢去碰，一碰則惹麻煩。他說：「我要早來半年，我決不同意排演〈夜店〉，任勛也不會成了啞巴。啊，不經一事，不長一智，什麼？……這話我也忘記是誰說的，反正不是孔子就是孟子，于光的同鄉……我建議海峽劇社要改名，啊，改成海峽康樂團，我是團長，于光是副團長……你贊成也好，不贊成也好，等於沒說，……三月一號生效，公文馬上下來了。」果然不到二十五日，我便接到調任「副團長」的公文。工資增多了十八元，而且每月領到十盒免費香煙。知足常樂，能忍自安。像我這個連中學文憑都拿不出來的人，也只有在這裡混碗飯吃，還敢妄想什麼？

歡送陳茜餐會上，我故意坐得離她遠一點，低頭挾菜吃。吃的啥，我不知道。我嘴中默唸曹雪芹的話，「千里搭涼棚，天下沒有不散的筵席。」阿枝，祝你一帆風順，大展鴻圖。阿枝，台灣島是你土生土長的故鄉，你去了台北，離嘉義更方便了些。雖說已經尋不著親人，但總是回到母親的懷抱。阿枝好阿枝，多麼水靈的、漂亮的有頭腦有學問的陳阿枝，她那柔美的頸間，掛著一串澎湖出產的珊瑚項鍊，每當她的美麗的眸子瞟向我，總是故意用手摸弄一下項鍊。阿枝好阿枝，你好像抓住我的心瓣了，讓我難過、歉疚！我是個窮小子，若是手頭寬裕的話，我咋好意思買這麼廉價的禮物送給你？

小珠那天沒掛項鍊，她挨坐在陳茜旁邊，不停地給陳茜盤中挾菜。

酒過三巡，小珠舉起酒杯，清理一下嗓門，吐出來輕脆而充滿感情的舞台腔：「台灣姐姐，咱們過去是一根籐上的瓜，能夠相聚一起可真是緣份。來！瀋陽妹妹敬台灣姐姐酒。」陳茜端起酒杯，一飲而盡，然後用手帕擦了一下眼角，此時她已熱淚盈眶。放下酒杯的小珠，低聲啜泣。

「別難過。天有陰晴雲雀，人有相逢離合，李白這兩句詩，百讀不厭！我提議海峽康樂團同仁，大家舉杯，祝經濟部陳秘書健康長壽！」文泰說著站起來，喝酒。剛才他的話錯誤好笑，可是卻沒有一個人笑。

陳茜搭乘輪船飄洋過海走了。站在碼頭，淚眼迎風，遠眺那艘客輪宛如一隻海鷗消失在蒼茫的海天之間。阿枝啊阿枝，何年何月再能同台演戲？……如今我但願時光倒流，回到天津，我倆穿過燈火輝煌的夜市，啃著烤紅薯，哼著歌曲漫步……我想起舒淳最近寄來的照片，他站在雪地上，穿著膨脹的冬衣，雙手握著雪團，正朝我做鬼臉。他的背後就是哈佛大學著名的燕京圖書館……舒淳在信上沒提陳茜，我怎敢將此信給她看？當年我們在天津是形影不離的「鐵三角」；如今卻像敗落的〈紅樓夢〉賈府的人，「各自尋各自門」，舒淳去了美國，陳茜到了台北，只有我還留落澎湖，正應了「樹倒猢猻散」的結局。

蕭曼珠離開此地，也是時間問題，她是業餘民謠歌手；但是在李維篤、文泰等人的理想歌唱演員，要穿著鮮艷、暴露，會扭、會跳，舉止風騷大膽，帶給廣大觀眾刺激享受。蕭曼珠卻衣著樸素，連口紅也不塗，走上台前，兩隻胳臂交叉腹部，引吭高歌，唱的那咦呀呼咳的民族小調，怎麼能引起他們的趣味？甚至連牛總經理也聽得有些不耐煩，向我發表觀感：這裡不是塞北，也不是遼西草原，蕭曼珠一天到晚哼唧唧唱那些明清時代的歌幹啥？咹，追念亡魂哪。咹，人家台北的歌星，打扮得花枝招展，往台上一站，咹，就只用眼睛朝下邊一瞟，觀眾從心底兒高興喜歡。咹，蕭曼珠……既不像尼姑又不像修女，她今年快四十了吧？

「她今年二十三歲。」我憋住一肚子氣。

「她有這麼年輕？咹，二十三公歲吧？」牛濤倒在沙發上，暢快地大笑。

「她跟台北歌星不能比，她是藝術工作者。」

「咱們不需要藝術，咹，我早就告訴過文團長，今後海峽康樂團的工作目標，就是康樂。咹，健康快樂嘛。」牛濤壓低聲音用神秘的表情說：「這個女人不簡單。他哥哥牽涉匪諜案，現在還押在台北。咹，聽說你跟她感情不錯，你應該指導她走光明大道。咹，可不要給咱們造船公司惹麻煩。咹？」

即使蕭曼珠不想走，我也盼望她趕快走，她是一隻孔雀，如今在養雞廠生活，還受到這些頭頭的排擠與歧視，簡直太委屈了！可是她上哪兒去？四十年代底，從大陸沿海跑出成千上萬人口，在僧多粥少、你爭我奪的環境裡，若想找一個適合自己志趣工作，確非易事。何況蕭曼珠既無人事背景，又無親友投靠，在茫茫的海島上，兩眼烏黑，她能上哪兒去？但是，她決不想在此混下去，吃這一口窩囊飯，精神上實在痛苦。

康樂團不再演話劇，我只好把當年在濟南學的魔術，提供演出。我起初笨手笨腳表演了絲巾打結、錢幣消失、解繩帶子，竟然贏得觀眾喝采。從第三場演出魔術，我加進玩撲克牌魔術，同時也請蕭曼珠作助手。變撲克牌魔術看起來神奇，其實非常容易，我將「霍威爾洗牌法」教給小珠，她的洗牌練熟之後，竟然也獨立表演，受到觀眾熱烈歡迎。有些職工還向她拜師求藝，這當然也有開玩笑意味。小珠一律婉拒：「你們學會了魔術，豈不搶走了我的飯碗？」

春天過去，馬公街頭的鳳凰樹開放出嫣紅的花蕊，它彷彿象徵著〈海峽康樂團〉團員，燕瘦環肥，群芳爭艷。為了增強歌手陣容，文泰每月都招聘新人，凡是進團的都為他們取藝名，如黛娜、小白光、肉彈、李莉、林薔、張霞、鮑予……每次到鄉村或離島演出，招惹年輕男人像蒼蠅圍著肉攤飛，讓人哭笑不得。文泰非常得意，每場演出賺來的錢，除了報銷開支，都作為團員獎金。因此每個男女團員施盡渾身解數，為著爭取高榮譽、高獎金而演出。這種商業化競爭的結果，我這個資深的副團長的每月所得，卻趕不上十七歲的「寶島之星」夢露的一半，看起來我也得提著魔術箱走路了。

有一天文泰召開業務會議，他提出任勛的工資問題。若是按照過去的供給制，凡是〈海峽劇社〉職員，除了供給膳宿，還有一份工資。任勛患了失語症，不能參加工作，仍舊可以維持原有待遇。自從文泰接任以後，〈海峽康樂團〉成為造船公司所屬的業餘單位。公司只供給宿舍，至於成員工資、伙食或福利，均得自身謀求解決。因此任勛住在宿舍，等於〈海峽康樂團〉供養的長期病人。文泰提出只供膳食，不發工資一案，徵求大家意見。正當團員準備舉手通過，我及時提出修正意見：

「我同意團長提出的議案。任勛的工資，雖然數目不大，但卻是大家流汗賺的錢，這樣長期供應下去，既不公平，又不合理。任勛是本公司的資深職員，他是從塘沽撤退參加海峽劇社的。診療所王大夫原想把他送到公家醫院，長期療養，但是咱們公司卻不放他走，難道我們要養他一輩子？任勛不是七老八十，他今年才三十一啊！」

聽過我的補充意見，文泰覺得有些道理。立刻拍板定案：「這件事我要親自向總經理報告。啊，長痛不如短痛。漢武帝說：老吾老以及人之老，可是任勛並不老呀。為啥我看他四十出頭了呢？」

小白光哧地一聲尖笑，嚇了我一跳。

那晚，我帶了一罐奶粉，一串香蕉，去看任勛。他坐在燈前正看〈莎士比亞全集〉。我笑問他：「看這些東西，是否距離現實生活遠了一些？」他拿起鉛筆，在紙上寫：「啃死人骨頭，免得惹政治麻煩，而且從中吸取文學滋養，一樂也。」我拾起了筆，也寫了一行字：「我在小廟為你求籤，下月你將遠行，大吉。」任勛看了裂嘴直笑，繼而雙手捂住憔悴的臉孔，清瑩的淚水從那蚯蚓似的青筋脈絡之間流了下來。

過了數日，文泰向我談起任勛的事：牛濤早就有意把任勛送走，只是安全室余主任不同意，理由是上面指示「嚴加看管，杜絕對外連繫」，因為長白師院共諜案尚未偵破，蕭熙等二人依舊在押。從文泰的談話，我聽出由於任勛問題，影響我和蕭曼珠二人暫時不能離開澎湖，即使我倆不會表演魔術，吃閒飯，〈海峽康樂團〉

也難以將我倆攆走。

每當魔術節目上場，觀眾的興趣便索然無味，有的溜到外面吸煙聊天，有的趁機去廁所撒尿，有的撇起嘴來議論「沒看頭，還是那兩套！」「這個姓于的該走了，你看他的臉，跟橘子皮一樣。」曾幾何時，那些熱烈歡迎魔術的觀眾，那些曾向小珠拜師求藝的觀眾，如今由於有了青春貌美的肉彈和大腿，卻把我倆忘卻腦後，這不能怪他們，只怪自己沒有本錢。

那晚，小珠躺在我的懷裡，憤憤地說：「咱們坐船逃出澎湖，到台灣去混吧。跟這些小蘿蔔頭攪在一起，早晚會給他們氣死！」

「氣啥？傻丫頭。」我撫摸她的一頭秀髮，安慰她：「他們多大，你多大？你忘了牛濤說你四十多？」

「他媽的！」小珠罵人的腔調，最是動聽。

坐在柔軟的沙灘，凝望眼前黑暗無邊的海峽，偶而從迢遙的遠方發出一下閃亮，但立即被無情海吞噬了。我低下頭，輕吻著她的耳腮、頸子、面頰，我已忘記人間的憂愁煩惱，沉浸在愛的溫柔鄉裡。若是人的胃不需要食物和水，我將和小珠渡海到五浬外的那座無人島，隱身在洞穴內，夜以繼日守望那浩瀚無垠的海，最後也長眠在那裡。

小珠啊小珠，咱們和在押的蕭熙有啥分別？只不過是咱們不是犯人而已。這四面的汪洋大海，何嘗又不是監牢呢？她慢慢坐起來，脫下洋衫，解開乳罩，然後扶著我的肩膀站起來，脫去長褲、內褲，她踏著海水走向夏夜的海洋……

何等秀麗而健美的胴體，卻在黑暗的海灘出現。若是她在夏威夷海灘、法國尼斯海灘，定會引起成百成千的攝影師的追逐。小珠啊小珠，為啥你卻只能在暗無天日的澎湖的夏夜海灘上嬉水？是你的命運不濟，不應該生長在災難深重的中國……

「下水吧！」夜色蒼茫，她回頭向我揮手。

我原已穿的很少，脫下港衫、短褲，我撩起海水浸濕肚臍眼，涼沁沁的真舒服。走到齊胸的地方，我一翻身子潛出了一百米外才露出頭。用手摝一下臉上海水，朝岸上一望，那個赤裸的傻丫頭還站在水中發呆哩。

「游呀！」我喊她。

蕭曼珠以自由式游向我，我慢慢游過去，抓著她的手，踩水朝岸邊游。小珠啊小珠，等我有了錢，買兩個救生圈，咱倆換上紅褲頭，趁著十五月亮圓，咱們游到對面那個無人島……為啥穿紅褲頭，為的防止鯊魚咬我們……鯊魚的眼珠可厲害，老遠它就看見你白花花的大腿，它最喜歡吃腿……它以為是魚。……走吧，離開這個鬼地方，臨走我把魔術箱仍到海裡。今生今世，我再也不變這個鬼魔術……你甭笑，我說到就做到……游到無人島吃啥、喝啥？你想聽聽我的計劃麼？……親親，我吃你的肉，喝你的血漿……小珠掙脫了我的手，潛下海底，不久她卻從七十多米外的近海露出頭來。月亮正從一堆烏雲中露出半邊，照亮了她的可愛的臉。

「小心，有鯊魚！」

朦朧的月色下，她像一條鯊魚迅速向沙灘划行，等她走上岸，喘著氣，向我身上撲過來，渾身水唧唧的，兩人抱得緊緊地，像兩隻扭纏在一起的泥鰍，在柔細的沙堆中翻騰起來……

異性相吸這句話，並不完全正確，有些男女相聚數載，卻難以心靈契合。因此早在二千多年前，我國男女結合即建立在兩情相悅基礎上。一個是窮光蛋，一個是政治嫌疑犯，如今心甘情願蜷臥在沙灘上，做起無邊幸福的美夢，這為兩情相悅、情投意合作了有力的詮釋。

今年春節晚會上，那位部長公子看上了小珠，他還託李維篤傳話，願意和小珠交往。小珠回話也實在難聽，自稱是國軍排長的遺孀，手中有點撫卹金，願者上鉤。也許對方聽了大失所望；也許對方通過安全部門調查，瞭解蕭曼珠的胞兄蕭熙在押，便打消追求念頭，從此再也沒寫一封信。每逢談起此事，小珠總是唉聲嘆氣地說：

「送上門來的金烏龜，叫我罵跑了，多可惜！」

「你真想嫁給他？」我說笑話。

「先交個朋友，託他老爸給任勛和咱們兒找個工作，再跟他拆夥，那有多好！」她也是說笑話。

浪花翻湧。海風徐徐地吹拂在身上，卻驅走不了汗水。經過半夜的沙灘折騰，從泥鰍體內排洩出來的汗珠，混合了海水，黏結起無數的沙粒、海藻與碎草。無力地癱臥在海岸上。嘴裡不停地喘氣。

「有了孩子怎麼辦？」她凝視著夜空的星群說。

「養啊。反正小肚子吃不多，半碗稀飯撐死他了。」

「去你的！」她哧地一聲笑了：「從我跟你在一起，我總擔心這件事。我不懂。又不好意思問別人，真麻煩。」

「問王大嬸去。」我翻身坐起來。

「好意思去問？若是萬一傳揚出去，咱們怎能再呆下去？」蕭曼珠也坐起來，無奈地說：「穿衣服回去吧，明天早晨開業務會報。」

清早七點鐘開會。會前先吃早餐：稀飯、牛奶、燒餅、油條、炒花生米、肉鬆、鹹蛋、花捲、白糖、醬菜。不多不少，一共十樣。這是文泰向牛總經理學來的，牛總經理從台北學來的，叫做「早餐會報」。它不僅節約時間，而且可以訓練職工早起的習慣，特別是對於這些搞戲的、唱歌的年輕男女，舉辦「早餐會報」實在具有教育意義。文泰吃得最快，他喝一杯牛奶，一套燒餅挾油條，用手帕擦擦嘴，便點上一支雙喜牌香煙，瞅望大伙兒吃早餐。有時還低頭看錶，大抵七時一刻鐘，文泰便開始哼啊哈的講起話來。

「沒吃完的繼續吃。啊，吃完了的聽我講話。端陽節快到了。我們準備去望安、吉貝勞軍。啊，搭海軍小艇去。我們得排練兩三個應景的歌舞節目，等一下請各位發表意見。啊，你們都知道端午的來由，詩人杜甫在江邊散步，發現江中的魚，一條條餓得頭暈眼花，杜甫的愛心偉大，啊，他跳下江去餵魚。從此以後，中國百姓到了端午這一天，包了粽子向江裡投，啊，咱們要學習杜甫……」

「屈原上哪兒去了？」蕭曼珠插嘴問。

「啊，齊元？」文泰突然睜大了眼睛，「你認得齊元啊。啊，你怎麼認得他？齊元是我的表姐夫，他目前可能還在湖南。」

「他還活著？」蕭曼珠低頭喝稀飯，瞧她那認真的表情，好像真有那麼一回事似的。

「誰知道？反正共產黨逮住他，沒他好日子過。」文泰抽了一口煙，煙從鼻孔中冒出來。「蕭小姐，你跟齊元很熟？」

「看過他的〈離騷〉。」

「對了。各位同仁，我要向大家報告一件有關本團同仁的好消息，蕭曼珠小姐，啊，榮調本公司子弟學校副校長……」頓時響起一陣掌聲。他說：「有關這件好消息，啊，暫時保密。李白有句名言，防人之心不可無。……昨天剛通過的。啊，我起初還想反對，因為蕭小姐在表演魔術方面，是後起之秀。啊，她離開本團，是本團最大的損失……」

文泰的話還真管用，第二天，蕭曼珠就接到調職公文。我帶了一個工友，把她行李搬去學校宿舍。這所學校的十二位教師，都是職工眷屬。整個學校只有兩人看守，一位是工友老張，另外就是小珠。學校原是日本留下的舊倉庫，窗戶極高，光線不甚充足，人住在裡面，宛如住在陰森古剎一樣。

這所屬於造船公司的子弟學校，目前還算黑牌學校，聽說從去年便向縣府爭取立案，不知是面子不夠，還是禮物太薄，始終不見下文。因而校長的空銜，暫由牛濤兼代，但實際人事、經費權都操之在李副總經理手上，小珠的副校長，不過喊著動聽而已。她除了擔任初中國文，還當音樂專任教師，最近上面撥發一架風琴，若是小珠不來的話，還找不到彈風琴的人。這大抵是將她調來學校的原因。

學校背山面海，環境清幽，是從事寫作的好地方。最理想的學校沒有圍牆，出了小珠的後門，便是沙灘。她把床舖擺在窗下，從此她可以每個晚上，聽潮水聲、看月光了。

小珠啊小珠，你是否極泰來，開始轉運了？這是偉大的詩人屈原給你帶來的好運！有這麼清靜的住屋，即使一簞食、一瓢飲，也比顏淵過得舒服自在！小珠好小珠，若我是看校門的老張多好！那咱倆豈不朝觀海，暮看花，相依相偎，永不分離麼？

「晚上睡不著覺，你來。穿一雙拖鞋。」她俏皮地說。

「肚子餓了，我會來。你煮麵給我吃。」我補充著說。

「行。打上兩個荷包蛋，讓你增加營養，可少折磨我才行。她忽然想起什麼似的，睜圓了眼睛：「我在屋後種一些辣椒、白菜、豆角、絲瓜……」

「不要種絲瓜，絲瓜吃多了敗腎。」

「聽誰講的屁話？」

「文泰。」

蕭曼珠笑了。「過端陽節，他演歌劇歌頌杜甫，一定笑掉觀眾的大牙！」

「對啊，這才會製造笑料，娛樂觀眾。」

文泰帶著〈海峽康樂團〉到離島作端節勞軍表演，預定一週，如今只剩我和任勛留在宿舍。原來文泰想讓我去管道具，並以小魔術作墊場節目。既然小珠調往子弟學校，我沒有助手怎麼能演？何況觀眾歡迎年輕貌美的女孩連跳帶唱，他們並不喜歡魔術節目，因此文泰只得答應下來。

這是我倆一生中最幸福的七天。這是偉大的話神屈原賜給的蜜月假期。每個夜晚，月光洒在柔軟的沙灘上，我倆舉著茶壺、茶杯、糯米糕、粽子，坐在屋後沙灘聽海水湧泛，看月光忽隱忽現……有時脫光衣褲，變作泥鰍，在海洋紮猛子，在沙堆翻筋斗，累得汗水淋漓時再去沖淡水……一個禮拜的夜晚，彈指一揮間，為啥過得這麼快啊？

直到文泰率領勞軍團回來，才傳出一件驚人的消息：任勛失蹤了！

6.

那是一個伸手不見五指的夜晚，沒有星光，也沒月亮，正是北方俗諺「十七十八月黑頭」的時節。我和余人傑兩人站在碼頭，詩論有關追尋任勛的問題。最讓我感到不滿的他派了十幾個武裝治安人員，帶著短槍、無線電通話機，一直伴隨。好像任勛是一個江洋大盜。這是侮辱我們文藝工作者。

過去，任勛曾陪我在碼頭盡頭防空洞趕寫劇本。余主任認為任勛可能窩藏在那兒。他動員我隻身前去探訪，勸他趕快出洞，免得受到飢寒。我對那個幽暗的防空洞十分瞭解，進出的洞穴異常隱蔽，若是無人引導的話，初次來訪的人簡直尋不著門徑。其實當初修建這座暗堡，為的是射擊入侵的敵人快艇、小船，那兩個砂窗就是射擊孔。等到日軍撤出澎湖，這座隧洞便無人過問，而且稱它防空洞也不正確。試想作戰時期碼頭是首先攻擊目標，把防空洞設在碼頭下層，豈不等著挨炸麼？我絕不相信任勛躲在隧洞內，因為食物和飲水，都仰賴外面補給，任勛能在裡面躲藏幾天？我擔心的是任勛想不開，走上絕路。余人傑在這個時候，竟然希望任勛自殺，以免發生不良的後果。這也是我對他感到不滿的地方。

我懷著希望走進地道，捏著手電筒前行，像故鄉農村婦女為受了驚嚇的小孩叫魂兒一樣，扯起喉嚨發出淒厲的呼喚：

「老任哪！你趕快出來吧，我是于光！出來沒事兒，你別躲在這兒受洋罪啦！……」

沒有回聲。

我知道任勛絕不會在此坐以待斃，若是他果真到了這裡，那是他從此地蹈海自殺，了卻殘生。我用手電筒照了數圈兒，啥也沒見。

余人傑帶我去見牛總經理。從夜間召見我談話看來，任勛失蹤確是一件大事。牛濤坐在沙發上，皺著眉頭，吸了兩口雪茄，轉頭對余主任說：「早把他送去台灣療養，不就省得操心了嘛？咹，我早說過，任勛是一塊燙手的山芋。咹，關他吧，罪證不足，又是啞巴；不關他，他跑了，咹，他往地洞裡一鑽，你上哪兒去找他？」余人傑插嘴說：「總經理，任勛說不定跳海自殺了。」牛濤聽了這句話，眨巴了一下眼睛，不吭聲了。

工友端上來兩杯蓋碗茶，放在我和余人傑面前茶几上。

「于副團長，」牛濤忽然改變了稱呼，讓我感到受寵若驚，「依你看，任勛會不會走上絕路？唉？」

任勛和我是老朋友，都從窮困中長大起來，我們怎麼會自殺呢？甚至我還懷疑任勛患的失語症，也許是偽裝。我猶豫了一會兒，說出相反的話：「老任脾氣不好。得了失語症，他憋得慌。他一定是一時想不開，跳了海。」

「對，就這麼報出去！」牛濤霍然站立起來，對余人傑說：「今天夜裡加班，把任勛的自殺情況報到有關單位。唉，不管他畏罪自殺，或是厭世自殺；反正任勛這個人已經離開此地，到閻王爺那兒報到了。唉，這不就銷案了麼。」他轉身走進套房。

我倆迅速走出總經理室。分手時，余主任低聲吩咐我：「有關任勛的事，到此為止。你不要對外亂講話，如果將來惹出麻煩，你老弟可要負政治責任。」

由於任勛的失蹤，急壞了牛濤，這明顯的是怕丟掉烏紗帽。任勛到底是偷渡出境，還是躲藏在澎湖漁民家裡？我和小珠談論很久，始終得不到結論。若是他離開馬公港，港口檢查站由軍憲警聯合組成，非常嚴格，有關任勛的資料，檢查站早已有案，他難以登上輪船離境。過去我和任勛想登艦看望蕭熙，那次始終未能會面，但是登記訪客簿上的于光名字，白紙黑字，永遠無法銷掉。為了此事，安全室還問過我多次。

「老任的日語很棒，他一定躲在老百姓家裡。」蕭曼珠最後樂觀地說：「說不定他作了澎湖女婿。」

澎湖的民風質樸，漁民老實守法，他們決不會收留任勛。愈是由於任勛懂得日語，漁民更對他存有戒心，他們怎麼會讓他住在漁村？任勛啊任勛，如果你已投海自殺，你不妨託夢於我，讓我在中元節給你燒些紙箔，作為盤川，你趕快渡海回瀋陽老家吧！每當我走進他所住過的房間，總會在床上坐一會兒。床上的枕頭、棉被，以及案前的〈莎士比亞全集〉，依舊如住昔那麼整齊，好像任勛出去散步，不一會兒就回來。如今，任勛走了，海天茫茫，他到底上哪兒去了？我落下了悲傷的眼淚……

……

文泰是一位有衝勁的文藝工作者，點子多、噱頭多，牛濤最欣賞這種人材。〈海峽康樂團〉聘請了一位歌手，是台灣南部「低音歌王」謝山，他唱的閩南語歌曲如〈再見漁港〉、〈傷心的討海人〉，低沉而瘖瘂，有些日本歌曲風味。每次對外演唱，風靡了澎湖的青年男女。謝山給〈海峽康樂團〉帶來最高的榮譽。文泰為了討好謝山這顆明星，除了給他高工資，而且封他「副團長」。我這個掛名的副團長，已經很久沒有隨團活動，如今我只是專任油印歌曲、編印節目單。換句話說，我已經被打進冷宮了。

那天，文泰跑來找我聊天。雖然他如今紅得發紫，但他畢竟是從我手上招考進來的，總還保留一些歷史感情。他首先講了一些最近排練的歌舞節目，接著說：「

于光兄，咱們都是老人了。康樂團的新人輩出。啊，你我是不是應該讓出位子，啊，讓他們來坐一坐？」

我起初保持沉默，因為我摸不清他的談話動機。

「你的藝術家氣息很重，我十分瞭解。啊，愛爾蘭說：生命誠可貴，愛情價更高。啊，你跟愛爾蘭一樣。哈哈！」

他笑，我也跟著笑。文泰啊文泰，你別踐啦！愛爾蘭是英國西部的地名，咋是人名呢？我怎能忍住笑呢？笑，縮短了我倆的心理距離，文泰握住我的手，誠懇地說：「于光兄，把你調出康樂團，你不會不高興吧？」

「只要管飯，調哪兒都行。」我的回答。

「好，就這麼說。」文泰握住我的手，滿意地走了。

果然，不到一星期，我調到學校作教師兼總務主任，工資雖減少三成，但是我能夠和蕭曼珠朝夕相聚，正是夢寐以求的事。搬進學校，我把臥房、書房打掃乾淨，裝上新紗窗、布簾。書桌擺在靠海的窗口。小珠走來幫我整理房間。同時決定今後我煮飯、洗碗，她擔任採買、做菜，管理賬目；平常吃米食，遇到星期假日做麵條、包水餃、烙餅。隔了不久，校工老張患肝硬化送進醫院，造船公司不派人來接替他，我只有幫助打掃環境，搖鈴、燒開水。李維篤批下條子，每月增發我五十元。白天忙忙碌碌，吵吵嚷嚷，等夕陽西下，所有教職員學生回了家，整個學校空空蕩蕩，變成一座荒寂的公園，那時兩條泥鰍盤繞一起，已是渾然一體了。

結婚吧，我常這樣嘮叨。她卻搖搖頭，笑一笑。既不表示反對，也不表示贊成，你說氣人不氣人？其實這也是我的狹隘而自私的觀點，在亂世中，誰能擔保明天會發生什麼意外情況？結婚，只是一種形式而已，為的是向鄉親父老宣告一件喜事；如今漂泊在外，最要好的任勛不知去向，舒淳去了美國，陳茜住在台北，而小珠的哥哥蕭熙如今還蹲監牢，我倆結婚又能請誰喝喜酒？小珠的話很有道理，「咱們倆豈不等於結婚了嗎？」

即使我和蕭曼珠結了婚，也堵不住外界流傳的閒話、謠言；有人說我倆早在大陸就發生肉體關係，而且還刮過孩子；有人說小珠的丈夫是個排長，在海南島陣亡，她領了撫卹金，連半刀黃裱紙也不給亡夫燒，她的心比潘金蓮還毒狠；最妙的還有人說小珠和任勛有染，等小珠考進了〈海峽劇社〉，卻嫌貧愛富投進于光的懷抱，最後把任勛氣成啞吧。……謠傳如同波濤一般在造船公司的船塢、辦公室、工廠、倉庫、眷村湧泛、滾蕩……等人們談膩了，有了新的桃色新聞時，也便逐漸將我倆的艷事淡忘了。

澎湖是氣候溫暖的亞熱帶海島，許多從華北隨同來此定居的婦女，過去從不生育的，如今竟然大了肚子，甚至連五十出頭的王大婚，最近也有了喜；都說鐵樹可以開花，如今不少石女也有了身孕，你說台灣、澎湖怎不是寶島？

但是，蕭曼珠的皙白光滑的肚皮都不爭氣，始終沒有喜訊。漫長的風季裡，我不止一次摟緊她的腰肢，帶著埋怨的聲調問她：「咱倆好了這麼久，你咋連個屁也不放？」

「也許咱倆上一輩子做了缺德事兒，老天爺罰咱。」她的大眼珠像彈珠在旋轉，轉得我眼花撩亂。

小珠啊小珠，並非我想兒女，而是為了你。所謂養兒防老，等將來到了風燭殘年，誰照顧你？那時我在黃泉路上，怎麼放得下心！這些話，我一直隱藏在心底，不敢說給她聽；而他卻永遠樂觀，追求那片刻現實的幸福生活。

我倆積存了將近三個月的工資，好不容易從馬公買回一架小型收音機。小珠快活得淌下了熱淚。每到晚上，她守在收音機旁，收聽時事新聞、音樂，以及文藝節目。有一天晚上，我正在廚房燒水，她像火燒屁股般跑進來，喘吁吁說：「老于，任勛沒有死，剛才我聽見他在高雄丹心廣播電台播新聞！」有這回事？任勛患失語症，已不能講話，他怎會在電台播音？天下男人聲音相似的很多，我付之一笑。她對我的懷疑態度表示不滿，悻悻地走了。

這是不可能的事。任勛若是裝啞巴，逃離此地，他應該隱姓埋名，不再露頭，免得受到治安單位的注意；如今他作播音員，豈不公開了他的身份地點了麼？任勛是一個頭腦清楚的人，他絕不會做出這種傻事。

「我敢和你打賭，任勛的瀋陽腔，我能聽不出來？雖然我和他過去不認識，但是同時代長大的人，他的口音我當然熟悉，何況我還和他同台演過話劇。」

小珠的話，使我欣喜，也讓我傷悲，既然任勛敢作廣播電台播音員，足見他和共產黨毫無瓜葛，更沒有參加什麼「南下工作團」。這個在偽滿渡過漫長黑暗歲月的青年，走遍萬水千山，歷經艱苦困難，如今追隨政府來到澎湖，卻給他扣上一頂紅帽子，這是多麼殘酷的事！隔了數日，我也從那個丹心廣播電台新聞節目聽到任勛的聲音。我寫了問候的信，卻始終沒有投郵，心中總是有些疑惑，若是萬一認錯了人，豈不給任勛惹出更大的麻煩？

那年的冬天雨水充沛。從放寒假開始，幽暗朦朧的天空，終日飄灑著淒冷的雨絲。臘月二十三起，每天都有教員來小珠屋裡打牌。我為他們燒水倒茶，煮麵條，有時也騎著自行車去買香煙、花生米或肉粽。聽到小珠打牌的快樂笑聲，我暗自高興。小珠好小珠，只要你忘掉鄉愁、忘掉蕭熙，即使你整天打牌，我也心甘情願！

那些同事來打牌，一則因學校宿舍安靜，二則小珠對人熱誠，絲毫沒有副校長架子。儘管他們都知道我倆的親暱關係，但是礙於情面，從不說半句玩笑話。當時，那些女教員都是眷屬，她們的丈夫有的當工程師、科長或是主任，因此收入比我們寬裕，每次打完八圈牌，她們總是丟下十塊八塊，給我「吃紅」；我紅著臉把它收起來，準備過年買菜。

除夕停戰，家家戶戶忙做年夜飯。我和小珠兩人忙碌了一整天，貼上春聯、門神。在小珠的客廳，我為她寫了「蕭門歷代祖先神位」牌位；晚上做了四樣菜：涼拌黃瓜、蒜苗炒辣肉、紅燒獅子頭、糖醋鯉魚。菜端上桌，我燃上鞭炮，她點著香燭向神位磕頭，站起的時候，她彷彿想起一件大事似的：「老于，你咋沒供祖先？」

「等咱倆結了婚再說。」我的幽默話。

「你呀，神經！」她瞪了我一眼，眼淚奪眶而出。

「別忘了，今天過年。」我輕聲提醒她。

忽聽見校外傳來汽車聲音，我拿起了手電筒，跑出去看個究竟。從車廂走出來的是余主任，握住我的手說：「老于，告訴你一件喜事，華陽艦的案子平反啦！蕭曼珠的哥哥今天下午出獄，這是他剛拍來的電報。可惜任勛走了，要不然他一定高興得嗚拉嗚拉亂叫。」他把電報遞給了我，苦笑：「我現在才真正輕鬆了，為了這件案子，我頭髮都愁白了。」

「您進來喝一杯酒吧？」

「不，我還有事。」汽車尚未熄火，余人傑上了車，轉頭對我說：「給你和小珠拜年！」汽車向那黑暗的遠方駛去。

這是一個天大的喜事！蕭熙出獄，這是做夢也未料想到的奇蹟。蕭曼珠讀電報時，泣不成聲，嘴裡不住的嘟囔，老天爺到底睜了眼，讓無辜的人出了監獄。她收起了那份電報，抬頭問我：「我哥哥怎麼沒提任勛？」

「他咋知道牽扯了任勛？」我遞給她一條濕毛巾，讓她擦眼淚。

「趕快給任勛寫一封信。他一定在高雄丹心廣播電台。不信，我和你打賭。」

我已經不願打賭了。任勛明知道他和蕭熙從來沒參加南下工作團，理直氣壯，所以才敢進廣播電台做事。「趕快吃飯。來，為你哥哥出獄乾杯。」

這頓年夜飯吃得無比幸福。燭光混合著昏弱的電燈光，照映得小珠的泛紅的面孔格外嬌羞美麗，宛如花燭之夜的新娘。也許小珠多喝了兩杯酒，她的話比春天藍空的風箏還遠。她談蕭熙在偽滿時期的求學生活，有一次訓導長在朝會上用日語痛罵學生，蕭熙怒不可遏，當天他在佈告欄上貼了一張海報，上面寫著「漢人學得胡兒語，高踞城頭罵漢人。」這件反日案件引起日本特務的注意，曾逮捕了十多個學生，蕭熙在牢獄中被打得遍體鱗傷，蕭熙出獄以後，曾對小珠說：「只要人心不死，東三省總會光復的。」

盼星星，盼月亮，盼著國家趕快富強，東北人民重新看到光明和希望。可是，蕭熙追隨政府來到澎湖，卻被扣上共諜罪名，關進監獄，這豈不是「大水沖了龍王廟，自己人不認自己人嘛！」小珠啊小珠，說話歸說話，喝酒歸喝酒，這些歷史往事，你說的已經夠多，別再扯下去了，你應該嚐嚐我的拿手菜糖醋鯉魚。吃了魚，年年有餘（魚）！

這頓年夜飯吃到九點多，我倆才收拾剩菜，清洗碗筷。剛燒開水沖上茶，文泰騎著自行車來了，他一進屋就向我訴苦：謝山這個「低音歌王」，如今成為大眾情人，不少年輕姑娘追求他，還有幾位外省籍的軍眷；他受到女人包圍不要緊，卻引起男人的妒恨，從臘月二十三起，〈海峽康樂團〉每天都接到恐嚇信和電話，對方威脅謝山不能登台唱歌，否則性命難保。如今正值春節，每晚都得公演。為了避免發生意外，公司給了謝山半個月假期，叫他回台灣過春節，順便躲避一下風險。等這件事冷卻以後，再讓謝山重返澎湖。文泰來請我倆再度登台表演魔術，以充實節目及演出時間。

沒等文泰說完話，小珠就擋了過去。「對不起！我已經洗手不幹了。你明明知道觀眾不喜歡魔術，你何必再讓我出洋相？」

「可是，啊，我有什麼辦法？俗話說，天有不測風雨，人有分離禍福……」

小珠畢竟是純潔少女，不夠老練，聽了他錯誤的話，哧地一聲笑了！文泰抓住這個機會，向小珠進攻：「你總算答應了。啊，明天晚上，七點半準時開始，演出費加倍。啊，演到初三……」文泰推門走出，等我追出去，他已騎上自行車消失在霧茫茫的黑夜中。

初一上午，幾個來拜年的牌友，一進門就吵著擺牌桌，小珠只得陪她們打牌。趁此空閒時間，我先到道具倉庫把魔術箱找出來，整理一下，準備演出。為了迎接春節來臨，我換上一套大褂兒，表演時配樂也選了充滿喜氣的樂曲。小珠是我助手，她穿上中式花襖、花褲，頭髮上戴滿了花兒。整個上午拾掇衣服，整理道具，再去弄菜飯，伺候打牌的人吃飯。

小珠對於〈海峽康樂團〉，早已憋了一肚子氣，團內有了困難，臨時找我們上魔術，墊時間，她怎肯答應？如今見我準備衣服、道具，便悄悄埋怨我：「你太沒有志氣了。剛被人家攆出來，現在又幫他們忙，這不是糟賤自己？」

小珠啊小珠，隨你怎麼說，你去也好，不去也行，反正我是一定登台。這不是糟賤自己，也不是沒有志氣，這是做人應有的風度。何況文泰親自跑來求情，我們是從康樂團出來的，怎麼忍心置之不理？幸而大年初一有客人，她們吃過餃子、炸年糕便重上牌桌，小珠也無暇我我爭執，我也落得輕鬆，一個人在廚房慢慢吃飯，慢慢收拾碗筷，再琢磨晚上登台表演的魔術節目。

晚會是在造船公司禮堂舉行。小珠是噘著嘴陪我去的。走進後台化粧室，遇見那些年輕的歌舞演員，他們旁若無人，有說有笑，打情罵俏，根本不理睬我們。好容易搶到一個椅子，讓小珠坐下化粧，她賭氣說：「變魔術還化什麼粧？」她這種倔強性格，實在使我難受。是啊，一個人能屈能伸，才會隨遇而安。韓信可以忍受胯下之辱，我們為啥不能受點冷落？看到蕭曼珠的冷酷面孔，我暗自盤算應走的路：既然長白師院學生都已復學，建議她還是離開馬公島。我一個七尺之軀的大男人，不必整天受女人窩囊氣。這樣活下去倒不如光桿一個人逍遙自在。

從前面竄出一個小伙子，走近小珠，指著她說：

「下個節目，要魔術的上！」

「你是幹什麼吃的？」小珠怒氣沖沖問他。

「我……舞台監督，有什麼不對麼？」

「混蛋！誰是要魔術的？你說！」

後台亂成一團，不少台灣歌舞演員上前來勸解，有的用閩南話嘀咕，當然是在批評小珠不應該罵人。那個擔任催場的小伙子臉上白一陣、紅一陣楞在那兒。我上前拽了小珠一下，催促她說：「趕快準備上場！」

「我不演了！」她氣吁吁地說。

「不演，不演有什麼關係？哼，沒人歡喜看。」從人群中傳出一個青年人聲音。撥開重圍，我抓住了那個穿灰袂克、花襯衫的歌手：「沒人歡喜看，誰說的？」對方大抵學過柔道，扭住我的胳膊，反問我：「你幹什麼？于副團長？」我猛一回身掙脫他的右手，飛起右腳，把他踢到牆角。我撲上前抓住他的飛機頭：「我想大年初一殺人，拿你開刀！」

「幹！幹！……」一陣叫罵聲，迅捷地把我圍在核心，眼看即要發生流血事件。我腦袋嗡嗡直叫，彷彿搭乘飛機將要降落的滋味。但我依然保持三分清醒，我盼望這時警察能夠及時趕來，我也幻想突然從身上摸出一枝匕首或手槍……「打人啦！打人啦！」小珠吼叫起來，那尖銳而淒厲的吼聲，使我心顫。小珠啊小珠，當初在塘沽若是預料落魄此地，即使擺地攤，做小工，我們也別飄洋過海來馬公。我聯想起八百年前的鄆城宋江，若不是在潯陽江岸的閣樓酒後題詩，怎會惹出那麼大的禍殃？如果小珠忍耐一下，我決不會發神經脾氣。儘管他們人多，但還不敢向我出手。正僵持中，文泰帶了兩名警察走進後台解圍。為顧及文泰情面，我噙著熱淚隻身上台表演了三套魔術，想不到還博取觀眾一片同情的掌聲。

臨走，文泰塞給我兩個紅包，我托辭蕭曼珠沒登台，只能收下一包，但文泰堅持讓我收下，並且向曼珠再三道歉。路上，她自覺理屈，並不吭氣，我也懶得理她。這裡不是大觀園，這裡也沒有賈母的呵護，再說你也不是林黛玉，你憑什麼發那麼大的脾氣？馬公街頭賣豆沙包的王老頭，過去在大陸是七頃地的地主，騾馬成群，四個妻妾；賣豆漿、豆腐、豆腐乾的老高，他是勝利後首任南陽縣長；管賬的胖子是縣府收發主任……你們瀋陽市長到台灣不過作個中學教員，你蕭曼珠上台演一場魔術又有什麼丟人？既然性情不合，我何必勉強和她住在一起？托爾斯泰說得對：床笫間的悲劇，是人生最大的悲劇。雖然我們沒有結婚，我已體會到這句哲語的意義。

快到學校的時候，小珠甕聲甕氣問：「明天晚上還有晚會。」

「文泰不是說過，演到初三？」

「你一個人演去吧。」

「這是你的。」我把紅包給她。

「我沒有你臉皮厚。」小珠用鑰匙打開屋門，氣吁吁地走了進去。

我回到自己屋裡，非常氣惱。小珠今晚的舉動和言語，著實使我不滿。躺在床上，我想起失蹤的任勛，想起遠涉重洋的舒淳，想起目前住在台北的陳茜，我不禁熱淚盈眶，我多麼想念他們！若是時光可以倒流，我情願再回天津，重新過起那清苦而快樂的演劇生活。雖然物質生活貧乏，但精神生活異常充實。如今到了馬公，卻失去了不少觀眾。他們喜愛的是震耳的嘈音、顫動的胸脯和誘人的舞步。小珠啊小珠，我是文藝工作者，我何嘗不瞭解觀眾不愛看魔術？文泰找我們去墊場，為的湊時間。文泰給了演出費，我收下來也算不了寡廉鮮恥，如果一個知識份子看不透現實社會的本質，那才是最大的悲哀。

我輾轉反側，不能入夢。索性披衣下床，捻亮了檯燈。我想給任勛、陳茜寫信。不久之前，我曾給任勛寫過一封未寄出的信件。那是小珠收聽到任勛在丹心廣播電台播音。如今，華陽艦事件已經平反，連主犯蕭熙已經復學，任勛還有什麼問題？我拿起了筆，正待寫信，忽聞窗外傳來一陣細碎的腳踩磅砧石渣的聲音，我的心猛地向下一沉。大年初一夜晚，是誰走來學校散步？

我立刻熄滅了燈。

昏弱的月光下，一個男人的背影，迅速地消失在教室走廊。那人約莫一米七高，穿袂克……莫非是今晚被我踢了一腳的歌手，跑來向我尋仇？

換上一雙膠鞋，摸起一根長棍，我躡腳走出門外。月亮躲進了雲層，漆黑一片。我從屋後繞出校區，躲在沙灘一座斷壁後面，一方面監視此人的行動，而且可以照顧小珠的安全。

忽然，穿袂克的出現在走廊前，他正慢慢向我的房間挪動。月亮驟然穿出烏雲，照亮了那人的清癯面孔，他左手握著一把武士刀，右手摸了一下被風吹散的飛機頭。

驀然間，從走廊竄出兩個矯捷的人影，撲近穿袂克的身前，擋住去路。雙方嘀咕了一陣，不知說些什麼。最後，穿袂克的被拖走了。

我回房後，感到孤單、寂寞。我寫信對任勛和陳茜說：「拉我一把，讓我離開這個討厭的地方。」

7.

春節參加晚會演魔術，初二、初三兩場，小珠也登台演出，那穿袂克的也沒找碴兒。經過探聽，原來這個原籍福建的林阿貴，過去參加過黑虎幫，幫內輩份從天地玄黃、宇宙洪荒排起，林阿貴以二十七歲的年齡，竟是地字輩的人物，可見他確有一定的影響力。據說那天夜間是林阿貴的徒弟把他拖回去的。否則，這小子趁著酒意準用武士刀劈開我房門跟我決鬥。

這些話是安全室余主任事後告訴我的。

若是余人傑不提此事，還引不起我的強烈不滿。當初任勛涉嫌華陽艦間諜案，他追捕任勛，動員了不少便衣軍警，並且攜帶無線電對講機，如臨大敵一般；如今余人傑明知道黑虎幫混進〈海峽康樂團〉，為什麼置之不理？

「你不懂啊！于光兄，政治嫌疑犯關係重大，他可以瓦解民心士氣，破壞台灣安全；林阿貴雖然是不良幫派份子，但是只要他不打架滋事，對於咱們造船公司只有幫助，沒有壞處。」他朝我擠了一下眼睛：「這種人物，很有利用價值。」

我懷著惶恐不安的心情，走出安全室。

「等忙過這一陣子，我邀林阿貴一伙跟你喝酒，交個朋友。這件事由我安排。」余人傑送到我門口，告訴我說。

不經一事，不長一智。流氓對於造船公司有幫助，這是我頭一次聽到的新鮮事。幫會是混亂社會的產物，它有扶弱濟貧的功能，但也有藏污納垢的封建勢力。若是在民主法治的社會，還依賴不良幫派份子抵制黑暗力量，實在是讓人感到悲哀的事。假使初一夜晚林阿貴持刀闖進我的房間，一定發生血案；既然余主任包庇這種人物，他殺了我，那豈不是「瞎子打碎賣碗的——白打？」小珠啊小珠，天真未鑿的姑娘，你怎麼瞭解這個社會是如此複雜，如此可怕？若不是你發脾氣，我怎會和小流氓發生衝突？這場糾紛豈不是你惹來的嗎？

寒假，在海潮的滾蕩聲中過去。學校開學，校工老張恢復上班，面色依然憔悴不堪，我幫助燒開水、油印試卷，免得他過度勞累。每天上午，我總要騎自行車到辦公大樓收發室拿信件、報紙。這原是老張的工作，自從他住院起，這件工作便由我擔任。遇到颱風或下雨，我總是隔兩天才跑一趟。

元宵節那天，我收到陳茜的掛號信。她目前事業非常順利，已經升了專門委員，她對老朋友依然熱情如昔。她勸我去台北，如果願意的話，她請賈次長暫時在部內安插我作雇員，而且還能到大學夜間部進修，將來拿到文憑，再求發展。陳茜告訴我：「當初我離開澎湖，是為了舒淳和小珠子，我是流著眼淚離開的。寄給你的兩百元，權作你一個人的旅費，一笑。」陳茜的信給我帶來了希望，但也帶來了猶豫不安的情緒。原想瞞著小珠，免得她的猜忌心理，把這件事搞得複雜化。但如此重大的事，我怎能不告訴她？何況我倆還有難以割捨的愛情？

有一個晚上，我試探著問她：「如果我離開此地，你一個人住在這裡，行不行？」

「你上哪兒去？」她的水靈的眸子蕩漾起來。

「台北。」

「我也想去台北，真的。我哥勸我趕快復學，再苦一年就熬出來了。」她像孩子似地笑起來。

「你去台北，我就留下。」

「你想跟我拆夥？」小珠的眼珠瞪得大又圓，閃爍氣憤的淚水：「老于，何必跟我拐彎抹角講話？你要想離開我，你就明講嘛。我也不是非依靠你才能活下去。」她愈說愈激動，嘴唇不停地顫抖。我嚇得急忙上前抓住她雙手，她立刻掙脱開，把頭擺過去。

小珠，別生氣。我拿不定主意，才講出這種話。原想瞞著你，現在只好打開窗子說亮話，陳茜介紹我去經濟部，你看去還是不去？

「去當部長？」她正二八經地問。

「去你的，當雇員。」

「啥是雇員？」她大抵是明知故問：「比校工高幾級？」

「我不知道。」

「你連雇員是啥都不懂，還考慮什麼？人家陳茜是花瓶、次長的心上人，國大代表少爺追求她，你再插上一腿，那不是自討沒趣嘛！」

小珠啊小珠，你是刀子嘴，豆腐心。你這張嘴巴真是厲害。雖然暫時作雇員，但總比窩在這兒強。台北畢竟是大都市，學習條件好，工作項目多。若是失去這個機會，將來恐怕不易找到。我索性把陳茜的信拿給她看。她看過以後不禁笑了。「她是為了我才走的。哈哈！她說的比唱的還好聽。她對你既然有愛情，那為啥還走？這不是騙人的鬼話？」

「你看怎麼辦？」

「把這兩百塊錢退回去，一刀兩斷！」她斬釘截鐵地說。

「你這個作法未免太絕情吧？」

「那你就甭理她。不去，不回信。這兩百塊錢給我打麻將。」小珠伸出一隻手，兩隻水汪汪的眸子審視我，期待我的反應。我打她一手掌，拿起手電筒，走出後門，向沙灘去漫步。

一輪圓月，掛在濛茫的海峽的遠方，正是漲潮時候，我嗅到沁涼而帶有腥鹹的海浪氣息。坐在柔軟沙灘上，想一想何去何從。昏弱的月光下，我發現前面有一隻小海蟹，正朝岸上蠕動橫行。它身後二十米左右，漲潮的海水嘩啦啦湧泛而來。小海蟹受了驚嚇，突然原地不動，一面用五對腳抓挖沙粒，大概它想掏個洞穴把自己藏匿起來。我呆望著小海蟹的拙笨動作，不禁啞然而笑。

「笑什麼？」驀地，身後傳出小珠的聲音。

「我笑你。」

「我怎麼啦？」她挨著我身旁坐下。

「你真傻。」

「你才傻。」她踢著沙子說。

「過去部長兒子追求你，你說你是寡婦，胡扯什麼排長太太，小珠！你窩在這兒幹麼？你應該去台北復學，將來才有前途。」我懇摯地說。

「老于！」她撲進我的懷抱，撒嬌說：「你就是我的前途。」

我的心頓時溶化在她那火山般的熱唇間。小珠，你說啥，我並沒有聽清楚。……什麼？你不願我演魔術，是為了心疼我。……我並不覺得委屈……從小是孤兒，連中學都沒畢業……我怎麼會跟你拆夥？那我還算人嘛！你從華陽艦投考海峽劇社，還不是奔著我來的？……你惹火了我，當然我想走……小珠好小珠，你別說了，你不嫌累麼？……直到月亮鑽進雲層，海潮湧上沙灘，我們才相互攙扶走回溫暖的石屋。

每天清晨，太陽剛浮出東方海面，沙灘上漁民忙著收網，搬運魚獲去市場時，學校的操場、走廊和教室便開始傳出孩子們的聒噪聲音。起初我對於這聲音感到厭煩，最令我氣惱的則是聒噪聲中，偶然出現一二聲尖叫，宛如在男聲大合唱裡，驀地有女高音的獨唱，使人的耳朵有不適應的痛楚感受。後來，我逐漸習慣下來，有時遇到放假聽不到孩子的吵鬧，反而感到寂寞。我曾向小珠提起這件事，她起初也有厭煩的感覺，但是後來她把孩子們聒噪，當作樹林中的鳥雀鳴叫來欣賞，於是便心曠神怡，精神振作起來。

每當我遇到那些伶巧小嘴巴，翻滾著小眼珠，背起沉重的書包向我行禮或喊我「于老師早」的時候，我的煩悶的心情頓時煙消雲散，進而煥發了青春。我的童年時期灰暗無光，但從這些天真爛漫的孩子身上，尋回我自己童年的歡情。

學校向來是平靜無波，但竟吹起一陣颱風，一夜之間，走廊、廁所、教室門前貼滿標語：「反對生活浪漫的蕭副校長！」、「打倒蕭曼珠！」、「搞戀愛，打麻將，子弟學校臉丟光！」、「誓將生活腐化行為浪漫的蕭副校長趕出子弟學校！」……幸虧我清晨發現，趕緊把標語撕下來，若不然等孩子們進校，那會惹起滿城風雨，家喻戶曉。我強忍憤怒情緒，帶小珠去見牛總經理，若是公司想另聘副校長，當然可以把小珠解聘，為啥用這種卑劣的手段，強迫我們走路？

「有這樣的事嘛？唉，這種做法好像一場戲，唉，誰導演的？我要查一查，唉，對於咱們造船公司的榮譽有影響。」牛濤說罷，將雪茄啣在嘴裡，轉頭打量小珠：「蕭副校長不要激動，唉，我知道你修養不錯，你今年三十幾歲？」

「四十八。」小珠冷笑頂他。

「哈哈！」牛濤用手捂著腹部，瀟洒地笑起來：「你很久沒演話劇，唉，將來有機會的話，我推薦你去拍電影。唉，你的戲路很寬，長得有點像舒繡文，唉……」

「請您多提拔。」小珠口是心非，說應酬話。

「好吧，將來有機會再談。」牛濤從沙發上站起來送客。

「總經理，」小珠急忙說：「我跟于光來見您，主要目的是辭職……」

「辭職？咹，那也不能馬上走呀。我上哪兒找老師去？至少也得做完這學期吧。」牛濤的臉刷地變得蒼白，但立刻裝作鎮靜，皮笑肉不笑地說。

「如果等到暑假，我找不到工作怎麼辦？」小珠將他一軍。

「找不著工作，再回來教書。工資和過去一樣。」牛濤是個官場老油條，和我們握過手，昂步走進去了。我倆只得退出辦公大樓。經過收發室，我順便把報紙、信件帶回來，意料不到的竟然收到任勛的信。

任勛，我如兄如弟如手足的任勛，為了逃避莫須有的政治嫌疑案，他裝成啞巴，潛逃台灣，作過碼頭工人、街頭清道夫，如今任勛總算回到本行，作了台中農業教育電影廠的職員。他專門負責錄音，有時也客串演員。最近剛拍製的〈寶島春回〉故事片，任勛在影片中飾演一位森林伐木工人，他在信中說：「我的戲很過癮，希望你和曼珠一定得看這部影片。」

啞巴變成了電影演員，這是多麼震撼人心的題材？我將來要寫一個劇本，把任勛真人真事，搬上舞台或銀幕，讓後代的人記住，這是五十年代初期台灣知識份子的痛苦遭遇，這是一個追隨政府的藝術工作者所獲得的待遇，我怎能抑制住內心的激動呢！

任勛信中告訴我們，將來農教電影廠若拍故事片，盼望我和曼珠也參加演出，最理想的是利用暑假期間拍戲，不妨礙學校工作。任勛鼓舞我們離開澎湖，離開這個小島兒，到台灣廣闊的社會去謀求發展，才有出路。

幸虧「貼標語事件」發現得早，除了校工老張，任何人也不知道。這宛如有人投到大海一塊石頭，只發出一點聲音，剎那間便被波浪湮沒。有個夜晚，我的窗戶被一塊石塊砸破，披衣走出後門，夜暮蒼茫，我隱約地發現有人朝向海灘跑。原想追去，轉念一想，萬一對方有備而來，我豈不中了他的圈套？返回房裡，我把碎玻璃清掃乾淨，倒進垃圾桶，又找了一塊木板，釘在窗框上。次日清晨，我沿著沙灘的腳印向前走，走了約莫三百米，發現斷崖下有一艘舢舨，腳印消失在那裡。舢舨四週丟棄不少煙蒂、火柴棒、紙團，我揀了一個紙團把它打開來，竟然發現「倒蕭曼」字樣，這充份證明砸玻璃、貼標語是這一伙人幹的。這一伙人哪兒來的？我從自己所認識的人想起……我想起黑虎幫的林阿貴，一定是他唆使流氓向我挑戰。……過去，公司安全室余主任曾暗示我，林阿貴這種人惹不得，他有一定的社會影響；既然連造船公司包庇他、利用他，我一個人的力量怎敢向惡勢力鬥爭？如果按照余人傑的建議，和林阿貴喝酒握手媾和，從此大哥二哥痲子哥，混在一起，固然明哲保身，過起安靜日子，但這像什麼話？這怎是一個正派知識份子所做的事？

為了怕影響小珠的正常生活，我一直隱瞞此事，不讓她知道。但是，夜晚依然有人進行騷擾活動，甚至敲門。打開門，人已逃走。距離學期結束尚有一個多月，若不解決的話，我的精神會崩潰的。我去找余主任，他向文泰身上推，最後總算有了反應，林阿貴開出條件，擺兩桌酒席，向他公開賠罪，並且要在馬公〈建國日報〉刊登道歉啓事，以示莊重。文泰瞭解我的困難，既無積蓄，子弟學校薪水低，常有寅吃卯糧的現象。「老于，這兩桌酒席的錢，你我各出一半。啊，岳飛說過，人生自古都會死，留取丹心照汗青。你的委屈我心裡有數。不過你要明白，此地不是山東，就算你有賓二墩的本事，啊，也沒用！」

即使我借高利貸，我也不能讓文泰出錢。他再三堅持這樣做，並且坦率指出〈海峽康樂團〉有一筆福利金，可以動用，這也是謝山、林阿貴的建議。既然文泰那麼堅持，我只得聽其自然了。

說實在話，我確實經濟困難。時常借債度日。公司職工眷屬放高利貸，大抵是月息二分，如果借一百元，你只能拿到八十元，那二十元利息已先扣除。若是你借上一年，這一百元你要還他連本帶利三百四十元。雖如此苛刻，但是一個願打、一個願挨，借高利貸的依然不少，我就是其中的一個。

我身為子弟學校的教師，得顧及面子問題。因此我只向王大嬸借錢，她的利息數目和其他地方相同，但王大嬸態度和藹，從來不向我討債，即使舊曆年關時期，她不但不會上門，甚至還躲避和我見面，這是很有人情味的做法。

為了請黑社會頭目林阿貴吃飯，我只得硬著頭皮去見王大嬸。剛進門，她便主動地問我：「你想拿多少？」我伸出三個手指頭。王大嬸悄悄問：「借這麼多幹啥？」我騙她最近任勛寫信來要錢。王大嬸轉身進屋，拿給我三百塊錢，她問：「他的啞巴毛病還有救麼？」我點點頭。「那就有希望。過去我老是看他不順眼，可自從他啞巴了之後，我很同情他。」她這樣說。

我以中國人民常說的俗諺「破財免災」來請客賠罪，雖然心裡窩囊，臉上卻堆滿誠懇的笑容。我想只要再挨過四十天左右，學期結束，我便辭職，離開澎湖這個鬼地方！將來到台中或是台北，總不會再有黑虎幫、白虎幫的黑社會組織吧？那兒也不會有人在夜晚投石塊砸窗户吧？我將在那廣闊的社會開創光明幸福的前途。想到未來，我興奮地幾乎流下眼淚！

天氣逐漸炎熱，陽光終日曝晒海島，每天在教室上課，汗流浹背，只等夕陽西下，學生下課回家，我換了游泳褲，溜出後門，投身在碧波之間，享受那涼颼颼的海風和浪花。

住在馬公，特別是我們子弟學校宿舍，游泳實在太方便了。門外就是柔軟的海灘。從我擺過酒席，登過報紙，向林阿貴一伙賠禮以後，果然風平浪靜，相安無事。從這件事給我一個教訓：這個社會是萬花筒，五光十色，使人眼花撩亂，最理想的還是保持冷靜的頭腦，過與世無爭與人無嫌的生活。

我在夕陽抹染的海洋游泳，猶如在草坪漫步，心境非常寧靜。一天的疲勞都被浪花沖個乾淨。我想起陳茜昨天寄來的生日賀卡，心裡頓時有點酸楚，離開將近一年，想不到這個台灣姑娘還是那麼執著、多情！

今天，我爬到拔海二千四百米的祝山，朝著雲海覆蓋的西方振臂高呼：「願上帝庇佑你長命百歲，而且將世上的一切幸福都賜給你。于光，因爲我愛你！」

昨天上午，我在辦公室拆開信卡，看到陳茜寫的祝福詞句時，心不由地抽搐一下，眼淚差一點掉下來。原想把它偷偷撕掉，生怕被小珠看到。但是，我捨不得撕它，從我呱呱墜地，這是初次收到的生日賀卡，而且寫得詞句如此親摯熱情，教我如何不感到幸福！我把它放在抽屜內，而且壓在一本國語辭典下面。

陳茜上次來信邀我去台北做事，由於小珠不滿，我並未回信。她寄了二百元路費，也被小珠打麻將輸掉。如今陳茜寄來生日卡片，我得趕快回信。阿枝啊阿枝，每逢想起你，我總感覺無比的歉疚不安！從塘沽搭海輪到了澎湖，我就沒有照顧你，如今你隻身去台北做事，還惦念著我，這教我內心是多麼慚愧！

我在信中坦誠向陳茜表示對她的愛，但也承認如今和小珠有著難捨難分的感情。我曾說你前途似錦，專心為自己生活和事業，不必再為我們這些窮朋友操心；我還說今年秋天我會到台北看望她，為了給她一個驚喜，我暫時不告訴她到達的日期。最後，我將任勛最近參加演出電影故事片〈寶島春回〉的事，以及他將邀約我們拍戲的計劃，告訴陳茜。「若是我們能進入台灣電影圈，那不是最理想的道路麼？」

距離學期終了，一天一天迫近。我和小珠一起遞上辭職報告，牛總經理准許小珠離職，並贈送三千元遣散費；但是卻不准我離校，並批示「請于光兄暫代理副校長職務」。

我想找牛濤辯論，文泰勸我暫時忍耐，等台灣的工作有了著落再走。若貿然辭職去台灣等待工作，非常冒險。文泰還說以後請我幫忙，我已離開了〈海峽康樂團〉，能幫他什麼忙？難道還讓我湊時間表演兩套魔術？

每到學年度結束，總有一串的頒獎活動。只有這個時候，全校師生才會見到他們的校長——主任秘書李維篤。他如今紅光滿面，頭髮搽得發亮，西服穿得非常講究，只是肚皮發脹，如懷胎將近半年的孕婦。他雙目並不近視，不知為了派頭，還是表示肚裡有些墨水，李校長也戴上了金絲眼鏡。頒獎完畢，開始講話，他蕭規曹隨，模倣起牛總經理的官腔。

「光陰過得實在很快。咹，轉眼之間，咹，一學期又過去了。為了開創本校新局面、新氣象，咹，還有新作風、新精神，我們下學期的學校領導行政人員，作了新的調整……」

台下的十來個教師，都睜大了眼珠，凝聽李校長的講話。但是孩子們唧唧喳喳，東倒西歪，早已坐得不耐煩了。李維篤清理一下喉嚨，繼續地說：

「從下學期起，咹，文泰先生接任公司總務處長，兼本校校長；咹，蕭副校長因為復學，去台北深造，她所遺留下的職務，暫時請于光主任代理，咹，等我們聘請到新總務主任以後，咹，再作調整……」

一位女老師走上講台，舉起雙手打拍子，指揮全體同學唱〈暑假歌〉：

日月如梭，轉瞬一學期又過。我們進步究如何？回家後，莫道消暑任嬉遊，多趁餘閒溫舊課。師講授，友切磋，暫時分別一月多。暑假後，全體齊到莫蹉跎，再同唱開學歌。

一放暑假，小珠忙得團團轉。今天這個老師請吃餃子，明天那個老師請吃烙餅，麻將每天最少八圈，有時還會打通宵。她毫無動身離去的念頭。原想親自送她去台北，蕭熙來信說在高雄等她，小珠也不願我去送她，我只得幫她購買船票、整理行李，直到臨走的那天，小珠還在打牌。

雇了一輛貨車駛抵校門口，我扛起小珠行李，喊她上車。她離開麻將桌，在牌友的簇擁下，依戀不捨走出校門。路上，她一直沉默無語，也沒向我叮囑什麼。彷彿我是她的僕人，應該向她效勞一樣。

幸而貨車開得快，到達碼頭，那艘客輪已升火待發。我趕緊扛起行李進艙，找到船位，便聽到汽笛鳴叫，急忙下船，我連向她揮手都來不及了。

小珠走後，我才真正感到寂寞。我想念她，有時一個人在海灘散步，哼起歌曲，禁不住熱淚盈眶，像精神病患者一樣。

我生日那天下午，煮了一碗麵條，打上兩個荷包蛋，正在吃，郵差騎著綠色摩托駛抵校門，送來「限時專送」信件，打開一看，原來是小珠寄的：

在你生日的前一天，曾去陽明山公園，站在高處望得遠，我要向你說出眞心話：愛情騙子于光，我恨你！

8.

幸虧我沒有堅持離開澎湖，幸虧小珠發現陳茜寄來的生日卡，對我產生妒恨心理，否則我貿然到台灣去，食宿問題便一時難以解決。雖然陳茜可以設法託賈次長給我安插一名雇員，但這並非長久之計，若萬一安插不進去，豈不流落台北街頭？

我把小珠離職以及生活近況寫信告訴任勛，請他為我留意出路問題。任勛來信囑我暫時留在澎湖，騎著驢找馬，等電影廠招考編導人員，再通知我前往應試。如果舒淳住在台北，只要他父親寫一封推薦信，我將會立刻進廠服務。任勛在電影廠編導室介紹過我，他們盼望我寫出一部電影故事片，應符合當前國策，有鼓舞民心的作用；如通過審查拍成影片，我不僅獲得一筆稿費，同時對於以後進廠也會水到渠成。

在暑假中，我時常在沙灘散步、獨坐或游泳。大海帶給我創作的美感。我計劃以一位熱愛文學青年，他同時愛上兩位少女，在戰火紛飛的華北，他們三人從塘沽搭乘海輪來到台灣。後來，男主角患了肺病，住進濱海的一所醫院，一位深愛他的少女作了小學教師，時常伴隨他在海邊散步、談話。他們準備在海村結婚。那位離他而去的姑娘，為了報效國家，參加軍隊，作了現代花木蘭。電影結尾，這一對海村情人舉行婚禮，在祝福的人群中出現一位雄糾氣昂的女兵。往事如同翻捲的浪花，後浪推動前浪，澎湃不息。定格。

這部定名〈千層浪〉的電影劇本，在汗流浹背中寫成。我懷著興奮的心情寄了出去，但不到半月時間原稿退回，囑我按照審查意見重寫。

電影廠意見是男主角到了台灣，參加軍隊，在金門古寧頭戰役，光榮的負傷，住進前線濱海一所醫院，那位深愛他的女友就在醫院作護士。他倆結婚的那天，出現一位女兵，也是男主角的女友。最後三人在海灘擁抱，歡笑，主題曲起，伴隨著湧泛的浪花，白雲，以及展翅飛翔的海鷗……

電影劇本的題名也改為〈海戀〉。

我看完「審查意見」覺得不是滋味，因為所謂改寫，其實等於重新創作。我正猶豫不決，收到任勛的信，他鼓勵我完成這部作品，將來不但拍成電影故事片，還可以申請中華文藝創作獎金，這對於我進入電影界具有推波助瀾的作用。

三伏天，太陽像一隻火球，掛在萬里無雲的天空。倉庫改建的宿舍，熱得要命，那時澎湖有電扇的人家不多，我這寅吃卯糧的窮教員，非得積蓄半年的工資才買回一隻小電扇，那除非不吃飯、不吸煙，餓成鬼以後再享受它。為了趕寫〈海戀〉，白天把書桌移到門口，旁邊擺一隻洗臉盆，盛滿了水，一條濕毛巾圍在脖頸上，另一條泡在臉盆中，兩條毛巾輪流換。桌上放著一杯釅茶，一盒軍用口糧，那是從對岸軍中福利社買來的：十二塊餅乾、一小條薑糖，我曾連吃了半月，吃得胃脹，嘴裡直吐酸水。夜晚寫作，我索性把桌椅移至庭院一棵榕樹下，上面掛了蚊帳，若有人夜晚見到我，猶如「霧中看男人」，實在可怕。蚊帳內寫作固然防止蚊叮蟲咬，非常舒服，只是不敢隨意進出，否則蚊虻立即乘虛而入。盡量不喝水，還在書桌底下置一尿罐。長期挑燈夜戰，患了便秘。等我完成〈海戀〉電影劇本，遇見校工老張，他嚇得面色蒼白，嘴巴顫抖說：「于……老……師你病了？我……怎麼不知道？」

把劇本掛號寄出，休息十多天，才恢復正常生活，轉眼已快到開學日子。文泰做了校長，首先將辦公室、教室打掃乾淨，而且貼滿標語。原來李維篤兼校長時，每年才到校一次，學生根本不認識他。文泰在開學前半個月便帶了一部份〈海峽康樂團〉年輕團員，幫他佈置「校長室」。新買的辦公桌，桌面有嶄新玻璃墊，下面壓著文泰的彩色照片，以及台灣地圖。沙發轉椅後面是玻璃櫥，櫥內擺著幾冊武俠小說、相面算命小冊子，幾本政論刊物。櫥上放置一艘人工船模型，船身刻有「一帆風順」四個蹩腳字。

校長室內搬來一套舊沙發，我和舒淳、任勛曾坐過，那是演〈川島芳子情史〉的道具。當時從哪兒借來，由於時間很久，我已忘記。自從不演話劇，這些道具都擺在倉庫。最使我想笑的牆壁上還掛了幾幅錦旗，都是〈海峽康樂團〉演出獲得的，如澎湖縣政府贈送的「惠我縣民」、四六九二部隊贈送的「軍民合作」、望安鄉公所贈送的「繞樑三日」、西嶼鄉公所贈送的「歌技超群」……錦旗之間掛了一張牛濤總經理十二吋照片，他西裝畢挺，右手握筆，坐在辦公桌後沙發椅上向前凝視，似笑非笑，作悲天憫人狀。右上方寫的則是「文泰同志」，左下角是「牛濤贈」。毛筆字清秀工整，不知出自誰的手筆。

開學典禮，文泰從〈海峽康樂團〉調來樂隊，喇叭奏花腔，還真唬人。那些嘴上沒毛的孩子，一個個瞪大眼睛，向打鼓的林阿貴瞅望，因為他的飛機頭很亮，許多學生以為他是女生，女同學都捂著小嘴笑。凝聽新校長的訓話，實在比看同樂會節目更為有趣。

「……孫中山先生說，學如泥水行舟，不進則推。各位同學，你們要記住這句話，啊，非常重要。什麼是學如泥水行舟呢？做學問，求知識不是輕而易舉的事情，就好像在泥巴窩裡行船，不進則推，就是船不前進你用力推它，只有這個笨辦法，投機取巧沒有用處！……」

坐在前排的教算術的女教師，時常打牌「放炮」的，竟然忍不住哧地笑了！文泰停頓了一下，繼續地說：

「各位不要笑，只要改正缺點就行。孟子說，放下屠刀，你即成佛。……」

我不由自主地向台下樂隊瞄了一眼，林阿貴倚在牆角打盹兒，吹喇叭的湊在一起商議事情，樂隊指揮低頭吸香煙……滿屋的同學都患了精神散漫症；有的睡覺、有的朝窗户發怔、有的揉鼻子、抓頭髮……我做了概括性的統計，真正凝聽文泰校長講話的不到百分之五，他們能否聽出心得還是問題。

好不容易熬到文校長講完話，司儀大概感覺時間拖得過長，索性扯起喉嚨喊了一聲「奏樂」，樂隊人馬大吃一驚，拉扯半晌，最後才站起來吹奏一番。開學典禮便在一聲「禮成」尖叫中結束。

文泰異常高興，他握住我的手，激動地說：「不錯，圓滿成功！不錯，我很滿意……孔子說，好的開始，就是成功的一半……跟我來校長室，啊，你先給樂隊送個紅包……給一百塊。」他壓低聲音：「交給林阿貴。」

我們作教師每月工資也不過幾十塊錢，如今幾個人吹吹打打，就慷慨送他們一百元，這豈不是變相剝削子弟學校？何況開學典禮也非了不起的事，找樂隊幹什麼，這簡直是糟塌公款！

我忍氣吞聲給了紅包，送走瘟神。剛回到辦公室，便傳出林阿貴擔任音樂主任的消息，許多老師氣得臉紅耳赤，批評文校長過份專權。我們這個不上軌道的學校，還增列音樂主任作什麼？連專任音樂教員也沒有，為何從天上降下一個主任？這讓別的學校聽到豈不笑掉大牙？我原想勸阻文泰，但轉念一想，林阿貴是黑社會人物，連余人傑尚懼他三分，我何苦再自找麻煩？弄不好我又得請客賠笑臉，上一次的嚴重教訓已使我終身難忘了！

林阿貴每週來學校兩天，雖然只教音樂，但他對子弟學校的學生卻有很大的影響。他教的歌曲，有些是男歡女愛的靡靡之音；那頹廢的、淫蕩的、貓叫春似的低級歌曲，從那些天真無邪的少年兒童嘴中唱出來，我的心默默滴血，我感到莫大的恥辱……

走吧，到台灣去另謀發展吧！可是，若貿然離開這個學校，進了經濟部或電影廠，到了那兒趕不上此地好，那豈不懊悔莫及？白天，孩子們吵鬧，教師牢騷滿腹、怨天尤人，但他們畢竟是純潔的、質樸的，毫無爾虞我詐的陰暗心境。即使是林阿貴，也沒什麼，如抱著「人不犯我，我不犯人；人若犯我，我定犯人」的做法，也會安心在此工作下去。

每次〈海峽康樂團〉在禮堂演出，林阿貴總派中學部學生作「義務觀眾」，以壯聲勢。許多功課不好的學生藉此機會翹課，反正林老師會支持他們；有些貪慕虛榮、想作歌星的學生，從此心猿意馬，更不肯專心向學，這樣惡性循環的結果，不到一學期工夫，我們子弟學校中學部程度，一落千丈！

自從謝山被澎湖人轟下台，回了台北，林阿貴便做了〈海峽康樂團〉副團長；文泰調升總務處長兼校長，起初林阿貴是代團長，不到年底，他便做了團長。常聽不少教師私下議論：這群不學無術的傢伙，步步高陞，當官像喝稀飯那麼容易，這樣下去，咱們造船公司還有什麼希望！

我噙著熱淚，向遠在台北工作的陳茜寫信，談了些學校的近況，也發洩內心的憤怒與不滿，若像林阿貴這種流氓得勢，教育前途也算到此為止了。信寄出去不久，接到陳茜回信。陳茜勸我辭職到台北去，還是說過去那些話，為我設法安插一個臨時雇員，過半工半讀的生活。其實我並不希望求學，到了三十出頭，再去大學混一張文憑，增加不了什麼光彩。若進大學，當初我也不會進劇團。

新年期間，我從報紙上看到〈海戀〉故事片即將開拍消息，重要演員有周曼華、龔稼農、歐陽莎菲、任勛等人。當天晚上，我給任勛寫了一封信，問他現今〈海戀〉既然開拍，為什麼電影廠還未通知我？過了一週，任勛回信說，這則新聞是空穴來風，藉此先作宣傳。目前電影腳本尚未通過，新改編的劇本和原稿不同，將來編劇名字可能出現三人，我是其中之一。任勛鼓勵我向台北中華文藝獎金委員會投稿，因為那裡稿酬高。最後他說：〈海戀〉通過，立即寄來稿酬，他估計春節前可能實現。

漫長的風季裡，由於教學太累，晚間寫作，再加上每天做兩頓飯，圍著煤油爐轉，原來我的枝氣管就不甚健康，如今咳嗽得很厲害，夜晚咳得不能入睡。我從小有病沒人管，跑出來做事也從不找醫生，只自己買藥醫治。有一天晚上，咳出一灘鮮紅的血，嚇我我一跳！翌晨跑去醫療室找王清風，他拿起聽診器仔細檢聽一遍，又用指頭敲幾下，他勸我說：「別寫作了。有了病，什麼都沒用！」聽了有些泛疑，莫非我的病不輕？拿了藥，王大夫說：「你有空的時候，不妨去馬公醫院作一下心電圖，看看心臟有沒有毛病？」走出醫療室，覺得後悔，若不是咳出血，我絕不會來看病。其實吃兩粒止咳藥片，少吸煙，多休息，用不到一週就會痊癒。如今勸我作心電圖，豈非庸人自擾？山東有一句俗話說得好：「該死該活屌朝上」，這才是樂觀主義，這樣活著才痛快自在。

春節前夕，收到台中農業教育電影製片廠寄來的一千二百元稿酬，這筆數目是我兩年的工資，喜出望外。從郵局取出錢，先還清王大嬸的高利貸，同時我給陳茜、任勛各寄去一百五十元，作為春節賀禮；原想給蕭曼珠寄錢去，但自她走後，消息杳然，若是我寄到台北師範學校，萬一她不在那兒豈不白寄？小珠啊小珠，你這個倔脾氣若不改，你如何應付這個龍蛇雜處的大千社會？

過春節，不少人邀我打麻將，我也喜歡在這個時候打牌，藉此忘掉鄉愁。小珠，為了你，我寧肯插上屋門睡大覺，裝作喝醉了酒，謝絕所有朋友的邀請。從你走後，我聽到麻將嘩啦啦的聲響，心如刀絞，非常難過，彷彿你仍舊坐在屋裡打牌，我在慢騰騰地洗菜、切肉片，嗆焗，下麵條，然後再一碗碗端上牌桌，伺候你們女人吃麵。

「老于！」

驀地，我聽到小珠扯起喉嚨喊我，趕快跑出廚房。莫非叫我去買香煙、收拾碗筷、或是換零錢？

「老于！」

不，有人站在我門口敲門，喊我。

「開門啊！老于！」

若不是用石頭砸門，還驚醒不了我。我披上裌克，趿拉著破膠鞋，打開房門。朦朧間，陳茜披一件藏青色呢大衣，頭髮上圍著白紗巾，佇立在門前朝我憨笑。她身旁放著一隻黑帆布袋。看樣子剛從機場趕來。

「小珠……你來了！」睡眼朦朧，恍如夢中。我說溜了嘴。

「小珠來了？」陳茜楞了一下，「怎麼這麼巧？」

阿枝啊阿枝，這是哪陣風把你吹來的？我前幾天還給你寄了一百五十塊錢，你跑來作什麼？出差？視察？還是來澎湖觀光？你瘦了，比以前漂亮了，你帶韮黃，豬肉餡幹麼？……你等一會兒，我替你去廚房泡一杯茶，馬上回來……

「老于，我不喝。」陳茜把黑帆布袋中掏出的韮黃、咖啡、肉餡、饅頭放在桌上。她發現我的咳嗽藥瓶，轉頭問：「你的枝氣管炎還沒好？」

「沒事兒。」

她彎下身子，從袋子裡拿出兩盒川貝枇杷膏。清秀的臉孔泛出笑容：「賈次長老婆去香港，我託她帶回來的。我就知道一到冬天，你的老毛病就犯。」

「賈曲新對你不錯？」

「什麼不錯？互相利用吧。官場上，談不到什麼道義、情感。你別想的天真。這些官僚，還比不上過去……剛見面談這些話多無聊！老于，你有病，生活這麼苦，你給我寄那麼多錢，你的錢哪兒來的？」

「偷的。」我說話也不笑。

「你呀，」她脫下外套，掛在塑料衣櫥中：「你要能偷，我就放心了。」

「我不懂你這話的意思。」

「我就是不放心，才來陪你過年。」

我像觸電一般楞在那兒，不知怎麼說才好。拒絕她，讓她去住旅館，老遠從台北坐飛機來看望我，我怎樣說才比較合乎情理？若是讓她住在一起，大過年的，這件事傳揚出去，我以後怎有臉見人？阿枝啊阿枝，你如今堂堂正正一個專門委員，你咋還像過去那樣不動腦筋？咱倆畢竟不是夫妻名份，只是親摯的朋友啊。

陳茜實在聰明，她首先揭我的瘡疤，繼而提出意見：

「老于，你是最要面子的人，我最清楚不過。其實你用不著緊張，我出了機場就雇汽車直送校門口，誰也沒見到我。今兒大年夜，我想人家不會再來找你。明天一早，咱倆先去媽祖廟燒香，再搭小船到漁翁島度蜜月，行唄？」

我的心被火山噴出的熱焰溶化了。我抱緊了她，輕聲在她耳邊說：「讓你住在這兒，委屈你了。」

「防空洞也睡過。」她提起了往事，叫我心酸。

「今天夜裡，咱們通宵守歲。我準備了酒、小菜、餃子、年糕，我倆聊到天亮，行唄？」

陳茜幸福地閉上眼睛，不停地點頭。

咱們中國祖先發明水餃，實在是了不起的食物文化。從揉麵、擀皮、調配餡兒到包成餃子，都含有團圓的、歡聚的天倫之樂意義。我倆一邊包、一邊聊天，屋內洋溢著歡樂的空氣。

那年除夕在天津演〈太平天國〉。傍晚，我帶陳茜上街吃餃子，一時心血來潮，她剝了一粒蒜想吃。我勸她不要吃蒜，等一會上台演話劇，羊肉餡餃子加蒜味，讓人嗅到一定昏倒。管它？陳茜不聽勸，眼看她吃了半粒餃子，咬了一口蒜，嚼了幾下皺眉頭咽進肚裡。阿枝你這個搗蛋鬼，你真吃呀！吃就吃，不吃白不吃。你吃我也吃。吃羊肉餃兒就蒜，就是有味道。那晚這個台灣姑娘撐得腰幾乎直不起來。陳茜一上場，我的心不寒而慄，而且撲通直跳。陳茜在〈太平天國〉飾演洪秀全胞妹洪宣嬌，是一個極其重要的角色。她出場總是前呼後擁，她和楊秀清等人討論國事，面對文武百官，她發表激昂的言論時，嘴巴猶如噴蒜器，把舞台上的每個演員都薰得頭暈眼花，欲哭無淚！誰知這卻增加了悲劇氣氛。但幕落之後，引起不少人的背地議論：

「以後應該禁止吃蒜，這太影響演戲了。」

「這是把自己的快樂，建築在別人痛苦的基礎上。」

「今晚上演戲，我一輩子也忘不了大蒜味兒！」

起初，我聽了閒話想勸阻他們，後來索性置之不理。過了很久，我才把這些反應告訴陳茜，她哈哈笑起來。今兒晚上，先做了一道涼菜，辣椒絲、芫荽、白菜心、葱花、蘿蔔絲、蒜苗，用上等的麻油和醋調拌，作下酒菜。炒了一盤葱爆牛肉，做了一條醋溜鯉魚。陳茜提議吃餃子應該吃蒜，反正兩個人一塊吃，誰也不嫌棄誰。這位中國大陸長大的台灣女孩，對於華北生活非常熟悉，她說的話讓我想笑：「吃了大蒜，嚼一嚼茶葉，照樣可以親嘴兒。」

燈下，我和陳茜喝酒，吃餃子，一邊聊，一邊吃。有道是「餃子就酒，沒飽沒醉」，我倆像〈浮生六記〉中的沈三白、芸娘，談文學、論藝術，沉浸在情人、文友與夫婦的幸福的伊甸園。直到窗外泛出魚肚白，遠方傳來一陣陣祝福的鞭炮聲音，我才擁抱陳茜進入夢鄉……

大約睡了不到兩個鐘頭，天已破曉，我倆趕快漱洗完畢，換上樸素輕便衣服，走到海邊，雇了一條舢舨，吩咐船夫駛往漁翁島。為了讓陳茜在舢舨內舒服睡覺，我特地帶了一床毛毯鋪在下面，讓她躺著。我偎坐在她身旁，眺望那東方的晨霞，正變幻發出光芒。海風徐徐吹在身上，略覺涼意。凝望浩瀚無垠的海，我忍不住引吭高歌。

碧天偎著海洋，
海鷗吻著白浪。
美麗的南海之晨，
眞使人留連難忘。
小艇打起了輕槳，
漁夫勤快撒網。
貝殼兒光輝的閃亮，
帶去送情郎。

陳茜，不，芸娘睜大了惺忪的眼睛，深情地瞅望我，嘴唇也隨著歌曲旋律輕微張合。我回頭向船夫瞅了一眼，他大約四十多歲，乾癟的臉孔漾出笑容，顯然地他也被歌聲喚發了青春……

眺望朦茫的海天一色的遠方，隱約現出灰色的島影，那是漁翁島的牛心灣。再過半個小時，舢舨便會在那兒靠岸。海風吹拂中，陳茜已經熟睡，從台北候機飛來馬公，陪伴我守歲聊天，她實在太疲倦了。我輕輕把毛毯的一角蓋上她的頭，讓她安靜地睡半小時吧。

其實我倆用不著坐舢舨，飄洋過海來離島躲避人們耳目。面子問題，究竟有沒有意義呢？一個窮教員，會寫一點文學作品，一年到頭寅吃卯糧靠借高利貸過日子，這種人還講什麼面子？阿枝好阿枝，你睡得真香、真甜，你看不到我的面紅耳赤的窘相。你不辭辛苦老遠跑來看我，我卻為了面子，讓你受這種洋罪，我是罪該萬死！試想，躲得了初一，躲不了十五，我倆決不能整天在外面遊逛。靠了岸，吩咐船夫等候我們。我拉著陳茜的手，順著碎石子公路漫步，兩面種植的木蔴黃，不時有鳥雀從身旁躍起。空氣如同澗水一般清涼，偶而嗅到不知名的花香。我倆越過一片丘陵，聽到廟宇傳來的悠揚的鐘聲。陳茜拉我向前跑，「快，咱們到廟裡求籤去！」

儘管陳茜穿著樸素，米黃色裌克，牛仔褲，白球鞋。但她那高眺身材，一頭長髮，擠進香火燎燒的廟宇，確有鶴立雞群的神氣。她獻了香火錢，從出售香燭紙箔攤上買了些香、紙箔，分給我一半。我倆便先燒紙、燃香，走近神位默禱。陳茜懷著虔誠心情去求籤。等她取回一張籤紙，認真看了一遍，臉色有些不悅。我倆迅速地走出廟宇，到內垵村轉悠了一下，看她有點疲倦神態，我提議還是回牛心灣渡海回校，她點了頭。

山坡上的木麻黃，在陽光下呈現蕭索的景象。山坡上光禿一片，那往昔盛開的野菊已萎縮凋謝了。走了很久，陳茜嘆了一口氣說：「早知如此，當初我不該勸你來台灣。」

提這幹啥，我已忘記。當年在天津劇團，我還是初次從陳茜的介紹認識了台灣。有一次她勸我跟她回台灣，看阿里山、吳鳳廟，她說吳鳳是被他們族人殺死的，吳鳳是男的、女的，直到現在我還不知道。

「我聽了你的話，並沒有錯。」我說。

「你這是真心話？」她轉過頭，認真地問。

「俺山東有句諺語：聽人勸，吃飽飯。若是我不來台灣，也許現在沒飯吃。」

「胡扯八道。」她把長髮一甩，昂步走向前去。

直到我倆坐上舢舨，船夫搖槳趁風向馬公航行，陳茜才從袋裡掏出那張籤紙，那上面印的蹩腳詩句，意思是求財落空、婚姻不成，一場幻夢。陳茜低聲訴說剛才她向媽祖祈禱詢問，將來我倆能否成婚，婚後是否幸福？結果使她完全絕望。

「胡說八道，迷信。」

忽然，她捂住我的嘴巴。像犯了罪似的默聲禱告，聲音帶著顫抖：「媽祖保佑……平安……」她低聲啜泣起來。

阿枝阿枝你別哭，看一看眼前的汪洋大海，咱坐的這條舢舨多小？像不像一片樹葉？你我在人類歷史的長河中，說它是滄海一粟，不算誇張吧。即使我倆結婚，甚至白頭偕老，又能在一起多少年？阿枝啊阿枝，這些問題還用得著請求媽祖指示迷津？這件事情還值得流眼淚？何況你年輕漂亮，前途似錦，你仔細思量一下，我只是一個藉藉無名的文學工作者，我連中學畢業證書都沒有。阿枝啊阿枝，聽我說句良心話：我沒資格愛你，因為我配不上你！

陳茜抹去眼角的淚，哧地一聲笑了。

你笑什麼，有什麼好笑的？

「老于，咱倆講的普通話，這位船夫大概聽不懂。我是在想，若船夫是個知識份子，聽懂我們的話，他會有什麼反應？」

「那船夫一定會說：你們吃飽了，喝足了，現在跳海吧！」

笑聲，在浩瀚無垠的波浪中湧泛。

9.

舢舨在航途中遇到細雨，涼颼颼的，幸而帶了毛毯，蒙住頭，兩人抱在一起，舢舨在波濤中載浮載沉，像睡在搖籃裡一樣。我和她的長吻，如同長城黃河長江一樣長，卻亮無呼吸急促的感覺。如今，我已忘記自己躺在舢舨上，我也忘記只要翻個身，便被浪濤吞噬而去。我感到無比的幸福，但願今生今世永遠在海浪中飄流、搖盪。

「你來找我幹嘛？吃這麼多苦。」

「我想你。」

「你真傻，想我做什麼？我沒什麼出息。」

「舒淳不是男人？」

「跟他在一起，不夠Romantic。」

「我呢？」

「什麼都好，顧慮太多，像Hamlet。」

「不顧慮不行。這個社會龍蛇雜處，一不小心就會被蛇咬傷。」

「想那麼多幹啥？老于……」她勾住我的頸子，吻我。

舢舨停在船塢碼頭，雨愈下愈緊。我付了船資，兩人合披一條毛毯，慢慢向學校宿舍走。春節時期，碼頭冷冷清清，不見人影，即使通過辦公大樓，也沒碰見路人。沿濱海小路走回宿舍，身上既濕且髒，陳茜趁我做飯的時間，她走進浴室沖澡，而且把換下的內衣褲也洗乾淨。回到屋裡，拉開棉被她就睡了。

煮好了飯，我不忍心喊她起來，讓她多睡一會兒再說。趁此機會，我宰了一隻雞，用滾水脫毛，摘洗半天，再放在爐子上去燉。然後帶了內衣褲，走進浴室去沖澡，等我走回房間，發現陳茜睜著兩隻眼睛，像一隻母貓蜷臥在棉被裡，正朝我窺視。

我走近床邊，吻著她的秀髮，「睡醒了，台灣姑娘。」她的眼珠在動，迅捷地用被角蒙上了頭。我掀起被子，擠身進去，摟住了她，她咯咯地笑起來……阿枝啊，你怕癢，我不怕癢，你賴在床上不起來，我只有用這個辦法整治你。趕快起床吃東西，油煎水餃、地瓜甜稀飯、花生米、煎蛋、還有烙餅。阿枝快起來，人是鐵，飯是鋼，吃過飯咱倆關上屋門睡大覺，天王老子來拜年，我也不理，你說行不行？

阿枝真囉唆，你還不到二十八歲，就囉哩囉唆，那你到了七老八十還不成了碎嘴子？油煎水餃、花生米、油炸的食物都不吃，吃了臉上長青春痘，你這些常識到底從哪兒學來的？阿枝在天津，每天早晨燒餅果子，百吃不厭。阿枝最喜歡吃回鍋油條，那是用昨天剩的油條，再放進油鍋去炸，撈出來呈咖啡色，吃起來既脆且香。為啥過去不怕長青春痘，如今卻講究起美容來了，是不是到了結婚的年齡？

「是啊。」她答覆得非常爽快。

「那你為什麼不結婚？」

「沒人要我。」

「我不相信。」

「若是有對象，我老遠跑來找你做什麼。」

阿枝好阿枝，別再說下去，我不忍心聽你的話。趕快起來喝稀飯，紅瓤地瓜稀飯，吃飽了再睡。阿枝，你怎麼都行，只要你先吃飯。雨還沒有停，我把稀飯端來給你吃，伺候你這位高山族公主，誰叫俺眼力不濟，稀里糊塗愛上這麼一位難纏的姑娘？

她笑起來。還是賴在床上，一動不動。

午餐擺在茶几上，陳茜披衣坐在床上進餐。稀飯、烙餅、煎蛋、花生米……她吃得真香，若是有燒餅挾油條，吃得更多。吃了半個多小時，我再冒雨收回碗筷，人家公主卻起床梳洗打扮了。

「你想上哪兒去？」

「防空洞。」

「雨這麼大，剛洗過澡，上那兒去做什麼？」

「尋找往日的夢。」

「哈，你想起來是不是後悔？」

「不，」她轉回頭來，面對著我，現出一派天真未鑿的神情：「Sweet,

romantic。」

我週身的血管驟然加速循環起來。走向前，伸出兩隻胳臂，摟抱住她，吻她的柔美的頸、耳朵、臉腮……窗外的雨愈下愈大，我插上房門，將她抱上床。長久的熱吻，長久的愛撫，兩隻赤裸的返回自然的青蛙，從遙遠的巴顏喀拉山南麓，一起躍身湍流之間。相依相偎，形影不離，經過萬重山、穿越千層浪，最後游進浩瀚無垠的碧海……驀然，從茫漠的遠海吹來一陣颱風，捲起海水，海水變成連綿起伏的山脈。它們在驚濤中掙扎、喘息、呻吟，終至昏迷，最後兩隻疲乏的青蛙，無力地癱臥沙灘上………

我醒來時，窗外已是薄暮時分。我穿衣下床，扭開檯燈，陳茜也醒來，什麼時候了？看看手錶，五時三十分，又到做飯的時間。雨小了。遠處不時傳來鞭炮聲音。陳茜勸我趕快結婚，結束這種光棍生活。我想：你說的比唱的好聽，誰不想結婚，但是沒有積蓄，沒有條件，上哪兒找對象去？

「你想吃什麼？高山族公主？」

「我吃牛肉麵。」

我披上雨衣，到廚房去下麵條，早已燉好的黃牛肉，切上十幾片，再洒上些蔥花、香菜，然後從鍋內撈出麵條，盛進碗裡。我臨時配了兩碟小菜，涼拌黃瓜、四川泡菜，帶了一瓶小高粱酒。趁雨已停，端著飯盤進屋，陳茜高興地從床上爬起來，摟住我的脖子說：「誰要嫁給你，才算有福氣。」

「你怎麼不嫁給我？」

「你不會要我。」

「你咋知道我不要你？」

「為啥過去你老是把我往舒淳身上推？」

阿枝啊阿枝，你別算這些陳年老賬了。先喝酒，再吃麵。什麼？這牛肉麵比台北做的好。真的還是假的？我到台北開牛肉麵館行唄？只要下了班，你來麵館幫忙，賺了錢，咱倆按月分紅。什麼？這牛肉麵比不上天津麵條好吃，那你外行啦。你說天津苟不理包子，比不上，那我相信；可這牛肉麵，我是跟一位回族師傅學的，最重要是燉牛肉佐料、火候。阿枝，我還會燉狗肉，佐料是蒜、橘子皮、薑、花椒大料、白酒，你要想吃，我去鄉間買一隻狗宰給你吃。

「等下次來再說。」

「下次？下次是什麼時候？」

陳茜抬起頭，瞅了我一眼，笑了。而我的心卻感到扭絞疼痛。我瞭解她的話意，下次即是明年的春節，她依舊帶著旅行袋，僕僕風塵從台北趕到春意盎然的澎湖，和我渡過數日甜蜜溫馨的假期。我萌生出屈辱與卑微的心理。

我已吃完，見她還在吃麵條，津津有味，心中隱隱感到酸楚。我憐惜她，從我們在天津相識，我總把這個台灣姑娘當作親妹妹。我看她對詞、排戲、演出；也陪伴她逛街、看戲、下小館；同時也看她和舒淳相戀相愛，最後勞燕分飛……

「舒淳最近有信麼？」

「他不會給我寫信。」

「你惹惱了他？」

「這不容易解釋，如果惹惱了他，他應該原諒我。我是女人，我比他小兩歲，比他低一班，再怎麼說舒淳應該諒解我。」陳茜喝淨碗裡的湯，咂咂嘴，露出快活的神情，忙不迭說：「這碗牛肉麵，一輩子忘不了！」

也許陳茜多喝了兩盅酒，她酒量還行。我倆喝茶聊天時，她把她跟舒淳的事毫不保留抖摟出來：過去在天津，他們的愛情基礎，僅是建立在舞台上，他倆時常飾演情侶和夫婦，因而觀眾把他倆捧成了情侶偶像。舒淳曾向他當國大代表的父親談過陳茜，也提過想和她結婚，那位舒老先生對於這個「門不當、户不對」的對象，堅決反對：反對的理由是陳茜父母雙亡，因而出身背景及教養極有問題。最初，舒淳隱瞞此事，直到舒老先生到了台北，竟然寫信通知陳茜，請她高抬貴手，放走舒淳，讓他出國留學。陳茜受了這種屈辱，才決心追隨賈曲新去了台北。

阿枝啊阿枝，幸虧你談及此事，不然我還誤會你去台北，貪圖享受、虛榮，甚至有人說你將成為賈次長的黑市夫人。

阿枝笑了，笑得真甜，笑得真美，笑得使我心花怒放。于光好于光，趁著你年輕力壯，振作起精神去台北闖天下，積蓄一點錢買房子，我倆結婚。你不常說，人是鐵，飯是鋼，左思右想，這句話說得好。你還常說，貧賤夫妻百事哀。沈三白和芸娘如此恩愛，到了窮困時期，債主進門討債，兒女嗷嗷待哺，恩愛夫妻相對啜泣。你曾擔任這齣戲的導演，我也演過芸娘，咱倆可別忘記沈家的悲劇。

阿枝又笑了，笑得比舞台上自然、柔美，給人帶來舒暢心情。于光啊于光，你想成為作家，我勸你還是打消這種念頭。你的思想粗糙。你想，若我貪圖享受、虛榮，我可以抓住舒淳不放手，跟他一塊去美國留學，舒淳能不負責我的生活費？舒淳曾和我談過此事，他說只要一起出國，生米煮成飯，到時候舒代表只有承認這門婚事。于光啊于光，在我眼睛裡，舒代表賈次長算個屁！說我願做賈曲新的黑市夫人，哈哈！門縫裡看人，把我看扁了。

陳茜在初四上午搭乘飛往台北的客機，離開馬公。她悄悄來，悄悄走，誰也不會關懷她。只有我這個無能為力的男友，為她瞎操心，但卻對她毫無幫助。她走了，我心如刀絞，萬分難過。不知怎的受了風寒，頭痛欲裂，躺了兩天沒起床。直到校工老張給我送開水，才知道我生病。他把醫生王清風請來，通過初步檢查，說我因感冒發燒引起肺炎，開了藥單，囑咐我多休息，暫時不要上課。

躺在床上，我聽到外面操場上孩子們追逐尖叫聲，籃球拍擊聲，心裡非常煩厭，不知誰帶了一台錄音機，隨著海風吹拂，聲浪忽近忽遠、忽高忽低，傳進我的耳朵裡。

每條大街小巷，

每個人的嘴裡，

見面第一句話，

就說恭喜恭喜。

……

老張送來稀飯，我搖頭，表示肚子發脹，啥也吃不下。我吃力地伸出一隻手，告訴老張：「錄音機，叫他……滾蛋……欺人太甚！」老張大概明白了我的意思，他帶著驚惶的神情走出去。

我那時已併發肺氣腫病，連續發燒不退。由於缺課，文泰發牢騷，我只得支撐身子上課。講話沒力氣，走路頭發暈，有一次暈倒在廁所，被幾個男生扶進教室。同事聽到我得了肺病，都遠避我，唯恐細菌從我嘴中飛出，然後鑽進他們的喉管，進而紮下根苗，繁衍下去。拖了兩個月，病情仍不見好轉。胃口不好，瘦得如同剛脫毛的公雞。有一次照鏡子，嚇了我一跳，若是話劇缺少大煙鬼角色，我用不著化粧便能上台。文泰有一天找我，勸我接受造船公司的意見，先去療養，等病癒之後再工作。在我離校期間，每月可領生活津貼一百元。起初我猶豫不決，經不住文泰的鼓舞，勸我先把病治好，再談其他問題。留得青山在，不愁沒柴燒，我噙著眼淚，收拾了行囊，坐上造船公司派的一輛小貨車，住進二十公里外的洪灣肺病療養院。

這原是日本軍械庫改建的療養院，共有兩間病房，前面一間為重病患者所住，約莫五十坪大，後面一間是慢性肺結核病所住，約莫八十坪大。兩間病房的形狀猶如「呂字」，中為診療室；而廚房、廁所、浴室和餐廳則不屬於「呂」字範圍，卻在對面連成一個「目」字。這個肺病療養院共有一百零七個病人，卻只有二位醫師，其中一位還兼院長。護理人員編制八人，因為女護士受不了肺病患者的性騷擾，無法工作。我進院時，只有兩個年紀大的女護士、四個男看護，他們的工資很低，每天工作長達十二小時，而且還兼作雜務，若沒有耐心和愛心，實在呆不下去。

我進院以後才知道這裡收容的病患，都是慢性肺結核病人。我患肺炎或肺氣腫病，根本不夠住院條件。這座療養院的院長，做事敷衍了事，看過我的病歷單，只是搖頭一笑，發給我一張卡片，叫我搬到二病房三十九床。一位矮胖的四十出頭的女護士，給我量過體溫，抽了半玻璃細管血液，問了一些病史，講解了一些住院規則。每日三餐，伙食很差。一天服三次藥片，有黃色、有白色、有紅色，嚥進肚內直噁心，想吐。

第二病房是「呂」字底下的「口」，住了將近八十人，若用病號的習慣話，住在這兒的是「重犯」，雖然判處徒刑時間不等，但都有活著出去的希望。第一病房則是「死刑犯」，他們只有混吃、悶睡、等死，若想活著出院，只有祈禱上蒼了。

睡在我旁邊的三十八床西門慶，老病號，甘肅人，四十出頭。他是病房的「康樂主任」。他自吹曾和三十多個細皮嫩肉的姑娘睡過覺。最妙的都是人家死乞白賴追求他，最後他以同情心接納了對方。他每天一睜開眼就開黃腔，逗得週圍的臭男人笑聲不斷。他身高約莫一米六七，白淨臉上有兩三粒白麻子，眼睛細小，吊起膀子卻使女人著迷。有個夜晚他講〈水滸傳〉裡西門慶誘姦潘金蓮的事，一位剛來的護士走進病房，問他：「你們還不睡覺？快十二點了。你叫什麼名字？」

「我是陽穀縣小生西門慶。」他不慌不忙地說。

病房的人大笑起來。

從此，他贏得了「西門慶」這個綽號。而他的原名卻無人曉得了。

住進肺病療養院，我對人生感到絕望，對於自己的過去或將來，茫漠一片。彷佛我已經走出了地球，到了另外一個星球，對現實的一切看得淡泊，好像進入了超然的境界。對面「目」字建築物，有一間十二坪的書刊閱覽室，我在門外走過，常見裡面有病號看報。我進醫院，既不看報，也不寫信，甚至害怕接到信。原想利用這段時間寫一點東西，賺點稿酬購置針藥或營養食品，後來把心一橫，什麼也不想了！混吃、悶睡、等死！

天氣逐漸炎熱，睡在病房，像蒸籠一樣悶熱難受。不少病號拿著蒲扇、涼蓆，溜到海邊去納涼，等深夜再摸回病房睡覺。我寧肯受罪，也不願出去。我深怕見到那浩瀚無垠的大海，勾引起往事的回憶……

嘩啦啦的海濤聲，從洪灣傳揚過來，那是多麼誘惑的聲音。若是自己沒有患病，走到海邊，躍身浪花之間，享受清涼爽快的海水和海風，那比悶在空氣污濁的病房裡強多啦。

我在朦朧中，聽得西門慶喊我，說外面有個女人找我。我揉揉眼睛，心裡泛嘀咕，莫非陳茜聽到我的消息，老遠從台北趕來看望我？不，我不想見她，不僅是她，任何人也不想見；我從小失去父母，如同沒有根的浮萍，隨波逐流，流到哪兒算哪兒。德國作家雷馬克說：「沒有根而生活，生命是需要勇氣的。」我患了肺氣腫，這是上蒼懲罰我，我還妄圖掙扎下去麼？人是靠呼吸才活下去，我的呼吸器官肺部得了病，這一輩子還有什麼希望？

「你有希望！」

誰？我抬起了頭，是陳茜，她穿著一套白紗結婚禮服，一派喜氣洋洋的神情。我走向前去想和她握手，驀然想起自己的病，便退縮回來。「阿枝，你咋知道我在這裡？」

「賈次長告訴我的。」陳茜坐下來，用手撫理了一下頭髮，迸發出嫵媚的笑聲：「老于，我要結婚了。請你當女方介紹人，你不能不答應。你的西服我已經訂做了。你是我第一個男朋友，你應該同意我結婚。」

「跟誰結婚？」我的心涼了半截。

「賈次長啊！」她坦然地説，流露出喜悦的神色。

「過去，你不是——」我的心在隱隱作痛。我不知怎樣再説下去。

「是呀。我一直愛他。過去，現在……甚至將來……老于，你為我倆祝福吧。」陳茜笑起來，笑聲像孔雀開屏般的明朗、亮麗。

我實在忍耐不下去，用兩隻污穢的手捂住面孔，我放聲大哭起來……

「老于！醒一醒，老于……」

我被人喚醒。睜開眼，是西門慶。他隔著白蚊帳朝我發怔。病房靜悄無聲，只有兩三個打鼾的聲音。用枕巾擦去眼淚，不多一會工夫，我進入了夢鄉。

過了幾天，校工老張送來生活津貼、信件，還有老師們湊錢買的奶粉、餅乾。老張向我訴苦：我離開學校不久，林增貴作了副校長，非常跋扈，行政教務一把抓，文校長卻不常來校。每天晚上，林增貴邀集些男女歌手，聚集校長室喝酒、玩撲克牌，打開錄音機又唱又蹦，搞得屋裡一塌糊塗。林增貴原想搬進我住的臥房，但聽説我患的肺病，命令老張封閉門窗，並且派醫療所的工人噴射DDT，消除細菌。

我忍不住笑起來。DDT可以消滅蚊蟲、蒼蠅或蟑螂，但卻消除不了結核菌。

陳茜果真來信，她最近患感冒，有時牙齦流血，已在公保診所治療。她勸我鼓起勇氣到台北去，只要奮鬥幾年，不愁沒有出路。任勛上週開始參加〈海戀〉拍攝工作，他對於改編後的劇本，並不滿意，但沒有發言權，徒呼奈何。另外，中華文藝獎金會掛號退回了我寄的小說和劇本。任勛啊任勛，你的建議，我再也不聽了！稿酬高，一篇稿件不要，又有啥用？任勛好任勛，我不是埋怨你，我已是無希望的人了，我還在乎發表文學作品麼？笑話。

我挾著所有的信件、退稿走出病房，想去焚化爐燒掉它。剛走到「目」字那排房子前，迎面碰到西門慶，他問我做什麼？我說去後面焚化爐燒東西。西門慶拖我回來，不准我燒它。

「為什麼不准我燒？」

「敬惜字紙，功德無量。你是山東人，為什麼不尊敬孔夫子？」西門慶嘻皮笑臉地說。

「孔夫子反對迷信，他不相信怪力亂神。」

西門慶拽住我向病房走，一本正經地說：「聽我的話沒錯兒。想燒它，過兩天也不遲。」聽了他這句話，我就不再堅持下去。回到病房，我把信件、退稿放進床頭櫃抽屜內。打開一罐餅乾，我拿給西門慶和旁邊的病友們吃。

「老于，昨兒夜裡你哭什麼？」西門慶嚼著餅乾，提起此事。

「我做夢——」我支吾著說。

「唉，我向來不做夢，除非夢見跟女人打炮。」西門慶口無遮攔地說。

四週的人笑成一團。

「西門慶，唱一段黃的，給于老師開開心！」有人提議。

西門慶咳嗽了兩聲，清理一下嗓子，果然唱起來：

明公落座聽我講：

楊柳細腰好比是拴人的樁，

頭上的青絲髮，好比纏人的網。

兩條大腿好比是紅綾被，

白嫩的小肚子好比象牙床。

搽胭脂抹粉好比是迷人的藥，

柳葉眉、杏子眼，好比獵人的槍。

此物生在左大腿的右邊，右大腿的左邊，

小肚子下頭，屁股溝子上頭……

笑聲、喊好聲，還有叫罵聲，此起彼落，等病房逐漸安靜下來，我聽得西門慶的唱腔開始低沉，而歌詞則愈加淫穢不堪了！

一個蘿蔔醃一甕，

還有兩個疙瘩頭沒有醃上。

龍鬚菜，

夯拉在缸沿上。

不管它多少年的老蘿蔔，

一要醃上就淌漿。

……

10.

洪灣是一座幽靜的漁村，村裡二十多户人家。磅砶石圍牆內，種的白菜、高麗菜或包心菜；有的種植紅蘿蔔、白蘿蔔，還有看起來如同韮菜似的小葱，桑椹般大的辣椒。沿著月牙形的沙灘，修築了不少低矮的魚庫。漁民將撈捕的細小的銀魚，用鹽把它醃藏起來，然後再運到台灣去賣。這種銀魚無骨無刺，切上葱薑辣椒，用豬油炒上一盤，真是最經濟實惠的小菜。

從肺病療養院去洪灣，要穿過一片長滿野菊的山坡，這段路大約兩華里。每天，擔任採購副食品的病號，都要挑著新採摘的瓜菜，剛捕獲的魚鮮，或是雞鴨牛羊肉，越過山坡。山坡上有不少墳墓，墓前豎立碑石。有的病號坐在碑石上歇腳、吸香煙。有的解開褲腰帶，褪下短褲，在墳後拉野屎，露出白花花的屁股，像鯊魚肚皮一樣。

原先村中的大閨女、小媳婦常在山坡上放牛、或是割草，自從碰到一些不講公共道德的肺病鬼，掏出褲襠的傢什來就撒尿，脫下褲子就屙屎，她們嚇得魂不附體，拚命向村裡跑，這片山坡成了婦女禁區。

我進了肺病療養院兩個多月，從來沒去外面散步，整天在「呂」與「目」字之間活動。西門慶是個老江湖，他早已看出我心事重重，擔心我有一天用破褲子扯成布條，趁夜深人靜，溜到「目」字建築物後面的榕樹旁，上吊自殺。這是西門慶後來講出的話。

肺病療養院院長兼醫師柳蒙，最怕病號自殺，因為上級會給予他嚴厲處罰。我進院時，曾聽見柳蒙罵人，我既納悶，而又討厭，他坐在椅子上手拿一件公文，臉紅脖子粗罵大街，這是什麼修養？

「他罵誰？」我問一個病號。

「前些日子自殺了人，柳院長記大過，他罵那個上吊的。」

聽了此事，不禁毛骨悚然。原來世人不願活受罪，卻以死尋求解脫，這倒是一個好辦法，誰會料到這位自縊的病號死後還挨柳蒙的罵呢？

西門慶最瞧不起柳蒙，只要有人提起柳院長，他總是把嘴一撇，「哼！人家學醫的留德、留日，這位仁兄留蒙，蒙古大夫有個屁用？」

有一天，柳蒙帶著醫師、護士查病房，走到我的床前，翻了一下病況紀錄，微笑著說：「你的肺病很輕，休養一段時間再說。以後不要老是躺在床上睡覺，常出去晒太陽、散步。」柳蒙轉頭對隔床西門慶說：「這位于先生是導演，我看過他導的話劇。西門慶，你這個康樂主任，應該向人家請教。」

「不用院長操心，我一直跟老于學習。」西門慶瞪起眼睛，頂了柳蒙一句。

「您看過哪一齣話劇？」我忍不住多說了話。問柳院長。

「《陸游情史》。你演的是……小諸葛，專門玩弄女人的壞人，演的不錯。」

「這個角色讓我來演，一定比老于叫座。」西門慶接著說。

「我當然相信，這是你的專長嘛！」

柳院長這句話，可把四週的人逗樂啦。

不知道是柳院長交代的，或是有人提議，我不久當了伙食委員。每天固定工作是陪同伙夫到洪灣村買菜。其實我毫無權利，伙夫想買啥買啥，想去誰家去誰家，我只保管菜金。唯一好處則是可以在郊外散步，呼吸新鮮空氣，常晒太陽。不到半月光景，我的臉色逐漸紅潤，飯量也比以前增加，走起山路也不喘氣了，跟普通人一樣。

天剛破曉，洪灣碼頭的漁船便噗噗地陸續靠岸。天上星星閃亮，船上的燈火發光。搬運漁獲的吆喝聲、買賣魚類的議價聲，一派喧囂氣象。鮮魚味、柴油味，混合著海水腥鹹味，在清晨的暮靄中散發開來。我跟伙夫走一圈兒，看準了比較便宜的鮮魚，講妥價錢，付了訂金就走。不到十點，他們便將鮮魚用摩托車送到廚房。我們買蔬菜、雞蛋和雞肉，十回總有八回去阿雲家。阿雲家有一座雞棚，養了三百多隻來亨雞。她家種著一片菜園，磅砧石圍牆從海岸直伸展到五百米外的山邊。包心白、白菜、菠菜、豆角、芹菜、蘿蔔、茄子、黃瓜，隨著季節的變化，這兒啥菜都能買到。不僅新鮮，而且是批發價格。許多馬公鎮的飯館廚師，常開著小貨車到此買菜。每天上午阿雲兄妹倆忙得團團轉，有時他們的父親也幫忙搬運蔬菜。

阿雲是一個黑糊糊的二十四五歲的姑娘，大眼珠子溜圓，身材約莫一米七，做起活來比半椿小子還有勁頭。兩條性感誘惑的長腿，黑得泛出光澤，讓男人饞得直淌口水。最可愛的是她從不大講話，見了人只是傻笑。

「你家雞棚有沒有土雞？」有一天，我向阿雲搭訕。

她朝我搖頭，眼珠子直轉。

「我想買一隻燉湯，補一補身體。」

「你還用補？」突然，阿雲咧嘴笑起來。

「我有肺病，肺病療養院的病號。」

「你是懶病。」她瞪了我一眼，走進了雞棚。我以為阿雲去拿土雞，但是蔬菜已經訂妥，我也懶得再等她。便和伙夫走回來了。

誰知阿雲的父親送菜時，順便捎來一隻兩斤重的土雞，羽毛摘光，清洗得非常乾淨，我用手撥開胸膛，有一串葡萄形狀的黃色蛋卵，原來是一隻正下蛋的母雞。我問伙夫老江多少錢，老江說阿雲回頭跟我算。我切了幾片薑，放在小鋁鍋裡燉。

午餐時間，西門慶已經傳遍了療養院。

「于光燉了一隻老母雞，不吃白不吃！」

院方為了防止細菌傳染，對於伙食團的衛生要求比較嚴格，每人發鋁質餐盤，用畢清洗後要經過高溫處理。吃飯是三菜一湯，排隊取菜。我先打好了飯菜，老江替我把燉好的母雞端來，西門慶舉行「開雞典禮」，先給我舀出一碗雞湯，挑出一隻雞腿，然後大聲說：「朋友們，搶吧！」

雖然他嗓門特高，群眾反應卻不熱烈，只是引起一片笑聲。我站起來，說了話：「這可是我掏錢買的雞，不是貪污來的。你們嚐一嚐，不嚐的人可能懷疑我揩公家的油！」

話沒講完，掌聲四起。一小鍋雞湯，不到十分鐘就舀光了。最後西門慶挾起一隻雞腿，自言自語：「這烏七抹黑的腿，跟阿雲那兩條肥腿一樣，真棒！」

提起阿雲，我心中怦怦直跳。好像阿雲是我的女友，生怕別人搶走似的。剛認識不到半日，阿雲還不知道我姓啥，我未免過份自作多情了。

「那個女孩年紀不小吧？」我問他。

「最少二十七八，像個男人。像咱們這樣的肺病鬼，可不能要。」西門慶嚼著雞腿說。

「為什麼？」我不解地問。

「結婚不到半年，保證你頭重腳輕，面無血色，一命見閻王！」

我不以為然，問他：「依你這樣說，阿雲嫁不出去？」

「除非遇見武松那種男人。」西門慶尋思說。

西門慶的話，猶如算命先生的江湖嘴，我堅決不信。翌晨，我走進菜園涼棚下，發現阿雲正在壓水機旁洗蘿蔔。我輕聲叫她，她抬起了頭，一眼看到我，臉頓時紅了。繼續低頭洗蘿蔔。老江去海邊買魚，涼棚下只我二人。我鼓足勇氣走過去幫她洗蘿蔔。

「你手這麼大，能藏東西啊。」她說。

「你的腿很漂亮，就是黑了一點。」我說。

阿雲把裙子遮住了腿，紅著臉說：「變魔術的，都不大正經。你太太呢？」

我恍然大悟，阿雲一定看過我表演魔術，她指的我太太，就是舞台助手蕭曼珠。

「你太太呢？」阿雲又問。

「跑了！」

「為什麼跑了？」阿雲捂嘴想笑。

「她見我得了肺病，怕傳染。家裡窮，吃的不好，乾脆跑台北去了。」

「你應該改個名，別叫于光，叫于有。」

「迷信。」我說：「想不到你對我這麼熟悉。」

「你幾個小孩？」

「沒有。」

「結婚多少年了？」

「我從來沒結過婚。」

「那你怎麼有太太？」

「這是你把她往我身上推，我有啥辦法？」

「你們大陸人，嘻嘻！不規矩……亂來……」

我不能長久和她說話，便用抹布擦乾了雙手，從褲袋掏出二十塊錢，塞給阿雲：「還你母雞錢。」

「拿走！」她皺眉頭：「誰要你的錢？」

我轉頭向外走，阿雲追上來，把錢塞給我。我趁機握住她溫暖而稍微粗糙的手，她紅著臉掙扎，把手抽回去。我將鈔票扔在地上，走出去。阿雲說：「你不把錢拿走，以後別進我家門，你看不起人！」

阿雲，你家端陽節包粽子麼？留給我一個吃，吃了不想家，只想詩人屈原。阿雲好阿雲，端陽節晚上，月亮不大，別人躲在屋裡喝雄黃酒，沒有人到海邊散步。最好九點以後溜出來，帶著粽子，你一個，我一個。我帶一瓶紅露酒、花生米，咱倆坐在沙灘喝個醉。我變魔術給你看，我為你變出一個喜歡你、疼你、愛你的男人……

于光，不，于有……你變魔術，為什麼不現在變給我看？你騙人。

好阿雲，你別囉嗦。呆會老江來了，你哥你爸來了，買菜的顧客進門了。趕快把錢收起來。端陽節晚上九點，不見不散，我把最拿手的魔術變給你看，我會變……大閨女洗澡……

洗鬼！

真的，我不騙你，阿雲。

雲你的頭！

端陽節，別忘了。我轉身跑出涼棚。

早忘了。她的輕脆的聲音，飄進了我的耳朵。

端陽節前兩天，西門慶邀我到他朋友家過節，打通宵麻將。這倒給予我最好的藉口。我謊稱端陽節回子弟學校去，順便晒一下衣物。我向護士長請了假。西門慶原是外垵燈塔管理員，前年春天吐血住進醫院，後來轉到這兒療養。院方曾勸他回去，西門慶捨不得走，像他這種活躍分子，住在燈塔裡怎能忍受寂寞的煎熬？再說，他的那些黃色笑話講給誰聽？

逢年過節，肺病療養院有一個不成文的規定，醫師不肯給病員服藥。年節時病員們常把藥丟進垃圾桶。所以演變成醫師護士自動放假習慣。端陽節清晨，我沒去阿雲菜園買菜。中午吃紅燒蹄膀、獅子頭、饅頭；晚餐比較豐富，四葷一素，每人發給一瓶啤酒、兩片西瓜。因為不少病員外出，剩下很多菜。

那晚，月牙兒隱藏在濛茫的雲層裡，大地昏暗。我穿了一件深藍色T恤，黑短褲、膠鞋。提著黑色旅行袋，裝了汽水、酒、餅乾、花生米、游泳褲。溜出肺病療養院。走過山坡幾座墳墓時，驀地從矮叢中飛出數隻螢火蟲，閃著鬼火，使我毛骨悚然。我為了壯膽，吼起戲詞，荒腔走板的聲音，連自己聽起來也渾身起雞皮疙瘩：

一馬離了西涼界，

不由人，一陣陣，

淚灑胸懷。

青是山，綠是水。

花花世界。

薛平貴，好一似

孤雁歸來。……

眼前展現出洪灣村的點點燈火，我的心才踏實下來。走過彎曲的碎石子路，我朝那黑魆魆的海灘走。

夜蒼茫而幽暗，若是沒有腳踩沙礫的聲音，對方根本難以發現人的蹤影，何況我穿的是陰暗的衣褲？剛才臨出來時，病房的掛鐘是八時四十五分，由於走夜路膽怯，速度比較快些，現在約莫在九時十分左右，阿雲也許動身了吧。

走了一段山路，熱出一身汗。我把旅行袋擱在石塊上，脱去T恤、短褲，連游泳褲也懶得穿，索性先跳進浪花中沖涼。

那晚風平浪靜，夜色朦朧，正是游泳的好時光。我以蛙式的慢速向遠海游。游泳忘記塵世間一切憂愁與煩惱。耳朵聽的、眼睛看的，以及嘴巴所接觸的皆是滾蕩的水花。待我感覺喉嚨乾燥想喝水時，才想起我游離海岸已經遠了。返身一看，洪灣村燈火在遙遠的天際。我休息了一下，鼓起精神，用自由式朝海岸游。天旋轉，海也旋轉，我什麼也不想，一切都忘卻乾淨，我只聽到嘩啦啦的水花沖擊聲響。游啊游，衝呀衝……暮色蒼茫，隱約感覺一條飛魚從身旁掠過，我馬上換了蝶式泳姿追上去，那不是魚，那是一個身高約莫一米七的人游泳，他的自由式速度驚人，眨眼工夫他已消失了蹤影……

啊，我的腿酸了，雙臂也痛起來。于光啊于光，你是望鄉台上抽大煙，臨死也要過一口癮。你是肺病鬼，黑燈瞎火約阿雲出來做什麼？你不是黃鼠狼跟雞拜年，沒安好心？

剛游過去的「浪裡白條」，是人？還是從外星球來的怪物？他決不是洪灣村漁民，誰會在端陽節的晚上跑出來表演自由式？

我游得十分慢，拖了很久時間才上岸。月牙兒仍躲在雲層裡，海灘黑魆魆的啥也看不見。我摸索向岸上去找旅行袋，記得那兒有幾塊平坦的岩石。我想喝水，我帶來了汽水，還有一壺溫熱的茶。我的肚子也有點餓，想吃花生酥、粽子……阿雲到現在還不來，一定不會來了。她不來最好，免得我心裡對她感到歉疚……剛走到岩石前，月牙兒從雲層鑽出來，海岸一片明亮，我發現阿雲坐在岩石上喝汽水，她朝我渾身上下瞅一眼，竟把頭偏過去，好像生氣的樣子。

阿雲，你來了。啥時候來的？我九點左右就下海，還以為你不來了呢。阿雲，我旅行袋裡有花生酥、餅乾……

你是哪一省人？她的頭偏過去，不看我。

山東。

山東出孔子，有文化教養。怎麼出了你這樣不懂禮貌的人？

我咋惹惱你了？

于有，于光……趕快穿上短褲，再給我講話！

阿雲一句話，驚醒夢中人！阿雲好阿雲，我咋一見到你就暈頭轉向、糊里糊塗，連光著屁股都忘得一乾二淨？阿雲好阿雲，下一次一定改正。

哈哈，沒有下一次了。阿雲笑起來。她笑得真美。她說我想得更美。

給我帶粽子了沒有？

她又笑了。于光，不對，于有！你是想吃粽子把我約出來的？她從一個小包內掏出一串粽子，給我一個，還挺熱糊。澎湖粽子花生米粒大而肥，豬肉香菇調配均勻，吃起來很香。

你說話呀！于有，你是為了吃粽子約我見面麼？

阿雲啊，實話對你說，吃粽子是假的，想見你是真的。從那一天第一眼見著你，我的靈魂就被你的大眼睛勾走了，整天迷迷糊糊，暈頭轉向。

迷糊？迷糊也不能光著身子下海？小心給鯊魚咬掉。她說錯了話，她笑起來。月光下，她的一對水靈的眸子更加醉人。我抓住她一隻胳臂，把它緊貼著我的嘴唇，我輕輕吻，我嗅到海水氣息混合著她的膚香……她木然坐立不動，嘴裡發出低沉的微笑。于光，我在做夢，我怎麼答應跟你出來了？……我是不是有些荒唐、浪漫？

阿雲，你應該結婚了。

你也應該當爸爸了。于有，你快四十歲了吧？

阿雲你真討厭，你不是給我改名字，就是說我年紀大，你安的是什麼心？

人家關心你呀！

我不相信。天下男人這麼多，誰會關心肺病鬼？

你現在還不是鬼。再說，你這個人還很斯文，對人有禮貌。還會游泳，不過自由式速度慢了些，以後我告訴你一個竅門……

啊，剛才那個從我身邊游過去的外星人是你！阿雲，你咋游的這麼棒？

不棒。棒的話我參加上海全國運動會了。到了台北，我被淘汰了，我還哭了一場。于光，我苦練游泳十五年，這可是憑真功夫，不像變魔術那麼容易！

阿雲好阿雲，你在哪兒見我表演魔術？

前年，馬公水產專業學校校慶晚會，你表演魔術，我是校友，坐在第三排中間，看的很清楚，晚會印的節目單我還留著。那時候你看起來不到三十歲，瘦排骨，風度不錯，也會演戲……那天我一見著你就認出你是變魔術的。

我倆坐在岩石上，喝茶、喝汽水，也喝啤酒。吃花生米、花生酥，也吃粽子。天南地北，海闊天空，我們談得投緣，愉快。

深更半夜，談累了，海風吹在身上有些涼意，阿雲把她裌克披在我身上。我怕她受涼，她明天早晨還得工作。我說回去吧。她說再坐一會吧。為了抵擋寒冷，我想燒火，她不同意，怕引起洪灣村鄰居注意。最後兩人偎靠一起，讓彼此的體溫相互貼近。驀地，阿雲把頭倒在我的懷裡，呼吸有些急促，我握住她的一隻手，低聲問：「什麼時候教我自由式？」她不吭聲。我說：「你回去，萬一著涼，我怎麼對得住你？」阿雲啊阿雲，你並沒有喝幾口啤酒，怎麼有點醉意？什麼？你講話大聲一點，這附近並沒有人。什麼？我討厭……什麼？你以後不理我了……不理我，我還是上你家菜園找你。走吧，好阿雲，以後每逢農曆十五，月亮圓的時候出來，你教我游泳……從這個月開始，每到十五咱倆在此聚會，不見不散……

散你的頭！她站起來，笑了。

那次約會回來，我受了風寒。體溫升高，頭疼欲裂，注射了藥針，吃了退燒藥，昏睡了兩三天才起床。

西門慶幫我取藥送水，替我擔任採買。凡是肺氣腫患者最忌諱感冒，會使病情加重，幸而體溫下降，否則非常麻煩。西門慶買菜碰見阿雲，她曾問起我為什麼不來？西門慶告訴她感冒的事，阿雲聽了沒再說什麼，眉宇之間，帶著十分關心的神情。

「我看阿雲對你印象不錯。老于，我希望你開始鍛鍊身體吧。」

西門慶的話，實在滑稽有趣，而且讓人發笑！像我這樣寅吃卯糧毫無積蓄的男人，憑什麼資格去戀愛？又有什麼能力結婚？陳茜曾鼓勵我去台北創事業，只要奮鬥幾年就能買下一棟房屋，那時我倆再結婚。唉，如今我身患肺病，什麼理想都成了泡影，我這一輩子報銷啦。

西門慶，幫我繼續擔任採買吧！我喉嚨老是癢，像有一隻蟲子蠕動，而且咳嗽。什麼，別人講閒話，叫他們講去。一個蘿蔔一個坑，一天的菜錢只有幾百塊錢，誰講話請誰代。……行，就這麼辦，你代十天，也容易結賬，過去十天，我再來接。他答應下來。

那天，老張送來幾封信，也收到一筆稿費。我寄出的一篇小說，已忘卻腦後，想不到它在報紙副刊發表。一百二十元，這是我一個月的津貼費，怎不讓我喜出望外？于有，這名字改得好。若時來運轉，我忘不掉阿雲的功勞。從床頭櫃找出來退回的稿件，跑到閱覽室抄了幾個報刊地址，當天都寄了出去，讓它碰碰運氣，反正放在櫃裡也是廢物。舒淳曾到紐約旅行，他寄來明信片，是紐約的市景。他看了一齣歌劇，並對演員作了介紹。這些我感到遙遠而陌生，沒有興趣。陳茜下月將去東京開會，問我帶什麼東西？我原想托她買點藥品，後來一想，算了！何必暴露自己的隱疾？倒是任勛的信使我非常暢快，〈海戀〉最近在台北放映，觀眾踴躍。他盼望我再接再勵，寫出樸素的反映台灣農村生活的電影文學劇本。蕭曼珠一直沒有訊息，她走了後，竟然忘記澎湖，忘記了造船公司，忘記了我……小珠啊小珠，你如今在哪裡？

若不是晚上一輪圓月從東方海面冉冉升起，我幾乎忘記了阿雲，忘記曾向她許下的諾言：每到農曆十五晚上，月亮圓的時候，我就來洪灣海灘和她幽會。匆匆回病房，帶了一件灰色裌克，我懷著惶惑的心情走出去。夜色蒼茫，繁星滿天，穿過野菊遍地的山坡，內心覺得十分慚愧：明知道自己如此落魄，而且身患肺病，卻偏去追求一位質樸善良的女孩子，這豈不是害人害己？

回去吧，我想。

正躊躇中，從墳墓後面走出一個女人，嚇得我向後退了幾步。月色皎潔，照耀在阿雲那俊俏漂亮的臉上，她一步一步走近了我。

你來做什麼？我問她。

你來做什麼？她問我。

今天晚上十五月亮圓，我和情人約會。我說。

你帶了游泳褲頭沒有？那天晚上你光著身子游泳，不感冒才怪，活該！誰叫你那麼囂張、大膽？于有，我摸摸你的頭，還發熱不？……好了，好了也別再去海邊，那兒風大。我故意在這兒等你，咱們聊一會兒，就回去。

螢火蟲，一明一滅翩然起舞，引導向前尋路，我發現一塊柔軟的草坪，山下便是波濤萬頃的澎湖海峽，我們坐下來。

端陽節夜裡回去，我睜著眼睛到天亮。于有，我想你，想你，為了你感冒，我去媽祖廟燒香、許願……

你傻呀，我從來沒見過像你這樣傻的女孩！阿雲，你替我租一間房子行麼？一張桌子、椅子，再加一張小床。我想利用放假時在那兒寫東西。

阿雲家菜園盡頭，靠近山邊有一間空房，她準備打掃一下讓我住。那間屋子有二十坪，環境清靜，兩邊種著木蔴黃，外面人根本看不見房子，猶如世外桃源。

那夜，月亮升到山坡半空，我倆才依戀不捨道別。分手時，我吻了她。

11.

躲在古老的小屋寫作，非常清靜，窗外不時傳進沙沙地木麻黃搖曳聲音。若順風的話，偶而也會聽到海濤澎湃。每到週末，我就悄悄來此渡假，看書、寫稿，或睡覺。醒來再生火煮飯，其樂融融，勝似仙家生活。

我認識阿雲後，時來運轉，正如她為我改的名字，從「光」到「有」，當初退回的一堆稿件，如今都變成鉛字，而且還領出不少稿費。若不是西門慶勸阻，我早把退稿扔進焚化爐，一根火柴燒成了灰燼。自從阿雲清掃過這棟房子後，她很少來此，大抵怕影響我的工作。她那種凡事為別人著想的性格，確實令人佩服。

我在肺病療養院最苦惱的，便是伙食問題。每日兩頓大鍋飯，吃的永遠那幾樣菜，味同嚼蠟；如果自己燉一隻雞或煎兩條魚，這個嚐一點，那個吃一點，最後自己吃不到啥，而且還惹伙夫討厭。自從週末有了落腳地方，我可以隨心所欲做些飯食，燉白蘿蔔排骨湯、牛肉湯或雞湯，燜大米乾飯、烙餅或煮麵條。有時阿雲帶一條鮮魚來，我切點薑片、葱花燉湯，既省事且不影響寫作。週末下午到達小屋，直到星期一凌晨再回療養院。

西門慶以為我回學校宿舍。許多病號也常在假日外宿。療養院的醫師、護士不聞不問。他們只擔心病員自殺，其他的都睜一隻眼、閉一隻眼。只要應付過去就行。過去趕寫〈海戀〉電影劇本，夜以繼日，疲憊不堪，可是搬到小屋趕稿，雖然僅是利用假日，效率非常高，大抵躲在此地毫無精神壓力，如佛教徒閉關生活，和外界斷絕一切往來。到了風季，我的氣色顯著紅潤，既不咳嗽，也不氣喘，我完成了一部電影文學劇本，還寫了一些散文、短篇小說。身體漸漸復原，我想辦理出院手續，回學校繼續工作。

我把這種願望向阿雲表示，她原則上非常同意，但卻不贊成馬上返回學校。若回學校，等新學年度開始再去，免得調派班級課程困難。她也不希望我搬回學校宿舍去住。她覺得這兒環境清靜，無人打擾，最適宜修身養性，從事文學創作活動。

阿雲啊，你想的未免太天真了！難道你沒聽見洪灣村民的閒話？有的說阿雲認識一個癆病鬼，兩個人已經上了床。有的說癆病鬼作了洪家女婿，改姓洪了。還有傳說癆病鬼因招贅上門，大哭一場……

阿雲聽了，搖搖頭，笑一笑。

那天上午，療養院有汽車去造船公司，我順便搭車去了學校。景物依舊，人物全非，學校換了不少新面孔，過去老同事見面，似乎也有點生疏。我打開宿舍房門，嗅到一股霉味。屋內陰暗，牆角濕了一片，那是颱風過境漏雨的痕跡。原來的校長室已成為林副校長室，他每天偶而來一次，我無法等他，只得去辦公大樓見文處長。

「啊，你好。老于，有事找找？」文泰桌前擺滿卷宗，屋內瀰漫著濃烈的香煙氣息。顯然見他的客人，川流不息。文泰遞給我一支香煙，我搖手拒絕，「一進療養院，我就戒了。」

「好。」他點著了香煙，吸了一口：「邱吉爾說，有志者，事竟成。于光兄，了不起！」

「今天我來見你是為了出院的事……」

「你出院了？」他插嘴說。神情略微緊張。

「我想出院，徵求你的意見。」

「出院，當然是件喜事，可是你出院以後上哪兒去？有沒有目標？」文泰吸了幾口香煙，喝了一口釅茶，繼續地說：「康樂團，人員縮減了三分之一，公司也沒法安插，你只有去台灣了。」

「文泰兄，我回子弟學校教書行不行？」我提醒他。

「那怎麼行？」他笑起來：「你已經開缺，離開我們造船公司了。」

「可當時你並沒有說清這件事。早知如此，我不會同意去肺病療養院。」

文泰見我情緒有些激動，便以息事寧人的口吻，說明子弟學校是一所黑牌學校，並未獲得縣政府立案。所有教師都是臨時聘雇人員，在公司總務處支領工資。他說我是從大陸隨同公司撤退來的，按照過去蕭曼珠的離職辦法，可以領取一筆資遣費。我告別了文泰，我噙著眼淚回了肺病療養院。

西門慶聽我發牢騷，嘿嘿直笑。老于啊老于，想開一點，不值得生氣。你愛國家，國家不見得愛你。四五億人都丟在大陸，還在乎你一個肺病鬼？聽我的話沒錯，自己愛自己，千萬可別傷心掉眼淚，那是傻屌做的事。你和我一個屌樣，一個人吃飽了，一家人不餓，你還愁餓死？聽了西門慶的勸告，頓時煙消雲散，海闊天空。到了週末，我吃了午飯就去了洪灣村。

老遠，我看見阿雲坐在涼棚壓水機旁洗韮菜，她發現是我，露出笑容：「你怎麼來這麼早？」我沒做聲，把旅行袋往地上一放，坐在矮凳上。我把回學校的經過講了一遍。阿雲低頭洗菜，靜聽我的談話，並未表示意見。

「我想不到，他們不要我了。」我苦笑說。

「他們不要你，我要你。」她認真地說。

「可是，我沒錢買一棟房子——」我想起陳茜對我的期望。有了房子，才算是個家庭。

「那棟小屋，不夠你住？」

「那是你們的。阿雲。」

「老于，你們外省人不是常說，你的就是我的，我的還是我的……哈哈！」她笑得仰頭哈腰，幾乎喘不過氣。

我沉浸在她那質樸的笑聲中，心內泛起溫馨的暖流。那晚，月亮特別圓，看了一下日曆，正是農曆十五，我驀地憶起過去的約會諾言。從風季開始，氣候轉涼，我從來沒到過海邊散步，她也似乎忘卻此事。晚上，我和她在一起包餃子，韮菜豬肉餡兒，我吃了三十，她吃了二十五，兩人還吃了大蒜，臭氣滿屋。窗外月亮圓，晚上風力減弱，我提議去海灘散步。阿雲噘嘴，埋怨我勸她吃大蒜，還要去海邊喝西北風。埋怨歸埋怨，散步還是散步，皎潔的月色是多麼誘人！

我倆披著裌克，腳穿塑料拖鞋，手牽手在海灘走。浪濤嘩啦啦湧泛，不時沖上沙灘的岩石，激濺出美麗的水花。

我問阿雲，我搬進小屋半年多，為何晚間不來？今晚上在一起包餃子、吃餃子，還肯陪我散步，這是為的什麼？

于有，我怕你想不開，心裡難過，我才陪伴你。洪灣村的人造謠言，說我和你不乾不淨。于有啊，你的肺氣腫病早好了，何必再住療養院？乾脆搬出來，選個日子我倆結婚吧。我和媽商量過，等明年春天，屋後加蓋一間作你的書房。你什麼都不用管，我家裡雖然窮，糧食、青菜吃不完，你一個人能吃多少？隔一兩月發表一篇小文章，你還拿到幾十元錢，買幾斤豬頭肉，小日子過得多甜！讓洪灣村的人紅眼、爛眼、瞎眼去吧！阿雲咯咯笑起來。

我聽了心裡不是滋味。想哭。

阿雲停住腳步，定睛看我。老于好老于，你不想結婚，是不是？

我木然地搖搖頭。把臉轉過去，生怕她看見我的淚眼。

那你為什麼不講話？

我說話我說……這件事，你要想一想……我不是……好男人……怕你將來後悔……

……阿雲，我說的是真心話……

阿雲貼在我的耳畔說悄悄話，怕風聽見，怕月亮聽見，怕村裡的狗聽見，也怕大海的魚聽見……于有于有好于有，你送我回家，我先回去看他們睡了沒有？等一會我再溜出來找你，記住……別開燈，別關門……聽見腳步聲，別害怕，不是鬼，不是賊，那是我……阿雲聽我說，黑燈瞎火出來作啥？萬一被你家裡人知道，我的臉往哪裡擱？你還是回去洗個澡睡覺……睡不睡管不著，去不去我的事，老于，若是我去找你，你不開門的話，小心我用石頭砸破你的頭！

月亮越爬越高，像水銀洒遍海峽和島嶼。在浪濤的澎湃聲裡，我陪阿雲沿海灘小路向回走。等她進了院門，我才離去。

屋後搭了廚房，扭亮電燈，先燒一大桶熱水，準備洗澡。洗過澡，換上睡衣，我隨手翻出〈水滸傳〉，看到王婆茶坊裡出售的「梅湯」、「薑茶」、「和合湯」、「

寬煎葉兒茶」。這些宋朝的飲料，令我茫漠不解。但愈看愈覺口乾舌燥，原來今晚吃的韮菜餡水餃，出去遊逛，回來洗熱水澡，怎麼不口渴？趕緊燒開水，泡一壺阿雲拿來的包種清茶。趁精神充足，今晚上索性挑燈寫作通宵。

喝香氣四溢的清茶，手握鋼筆，腦海浮現出一個健美膚黑的女孩子，水靈的大眼睛，正向著我微笑。洪月雲啊洪月雲，我今晚不應該邀你來此，到如今我魂不守舍，坐立不寧，恨不得馬上擁吻你跟你進洞房……阿雲好阿雲，唐朝詩人白居易為我寫的兩句詩，獻給你吧：在天願作比翼鳥，在地願為連理枝……看窗外月明星稀，夜空如洗，你趕快來趕快來，咱倆共渡良辰……我手拿鋼筆，冒充作家，猶如那個腰裡掖著死耗子，冒充打獵的人一樣。姑且熄燈，打開房門，到外面去散心。

風起了，海浪發出澎湃的巨響。沿著菜園小路，默默前行。月光水銀瀉地，把海島照耀如同白晝。老遠，我看見阿雲向我揮手。啊，我的心跳起來！宛如第一次上台演戲，精神緊張，手足無措，我急忙迎上去，差一點摔跤。

「他們睡了？」

「等他們睡熟之後，我才溜出來。」

「你不怕？」

「我怕。」

我摟住阿雲，發現她外面披裌克，裡面卻是睡衣，光著腳，連拖鞋也沒穿。姑娘，委屈你了。抱起她向洞房走。她笑，卻不敢笑出聲音。阿雲親阿雲，你還真不輕。如果你不愛游泳，一定是個胖姑娘。我一口氣把她抱進洞房，累得我滿身大汗。

「我去後面擦汗。」我說。

「不要去。」她抱住我的胳臂不放。

兩隻返回大自然的青蛙，沐著門外流瀉進來的月色，擁吻在一起了。她的肌肉顫抖，呼吸急促，也像剛進場從未演過戲的演員，連眼睛也不敢睜開，只緊張地回憶自己的台詞……阿雲好阿雲，你喝點茶水休息一下，我再吻你行不行？她用力摟緊我的胳臂作為拒絕。你睜開眼，讓我看看你，你偏過臉去作啥？深更半夜，連個鬼影也不見，怕什麼？……我倆年底結婚，你害羞啥……儘管門外吹著二級海風，但我和她的肌肉卻散發出熱氣，晚上吃下的韮菜發生壯腎作用。兩隻赤裸的蛙進行兩萬米蝶泳，游啊游，海岸在茫漠的遠方……啊，阿雲呻吟，是小腿抽筋，還是撞到魚群？……游吧，離海岸遠著呢。不要……功虧一簣……等我倆游上岸，她變作一隻斷氣的青蛙，癱死在沙灘……

醒來，洪月雲幽幽地啜泣了。

我替她倒了一杯茶水，為她浸濕熱毛巾擦淚，哄她，逗她，直到她笑了，我才放心。海闊天空聊到東方泛出魚肚白，我拿手電筒送她回去。夜色茫茫，任何人也沒碰見。連狗也不叫，真是好預兆。

冬天，我和洪月雲結婚，轟動了洪灣村。許多人都用好奇的眼光，來看肺病鬼、窮光蛋，到底長得啥模樣？為什麼阿雲挑三揀四會選上他？我原來只通知西門慶，西門慶當介紹人，帶了療養院病友的賀禮，這份患難友情使我終身難忘。陳茜寄來五百元，任勛寄來三百元。我不知道蕭曼珠地址，所以也未告訴她結婚的事。結婚那日客人不多，但很熱鬧。不知誰傳出我當過教員，會變魔術，這一來痳煩大了！害得我在洞房為鄉民表演魔術，因為手腳不靈活，露出破綻，逗得鬧房的鬨堂大笑！

婚後不久，阿雲腹部便已隆起，她依舊照顧菜園，協助父兄料理蔬菜生意，大半的時間做家事。我從造船公司領到的遣散費，蓋了一間書房，並且翻修了廚房、廁所和浴室，直到農曆年前才竣工。我去馬公買了年貨，貼上春聯，點燃爆竹，雖然四週無鄰居，卻平添了春節的祝福空氣。

我在婚前便已辦妥出院手續，柳蒙對我印象不錯，想留我在療養院服務，由於阿雲堅持反對，我婉拒了對方的好意。阿雲認為既然離去，何必再留下混飯吃？再說一天到晚跟肺癆病人在一起，生命中不見綠意盎然的春天，活著還有什麼意義？

臨走，西門慶大開黃腔，逗得病房的人大笑。

老于好老于，你走了我心裡不好受。你晚上摟女人親嘴摸乖乖，我西門慶只有抓著老二打空炮！人常說肺病鬼性慾強，我是理論家，不懂是真是假？來療養院兩年，連娘們的那玩意兒都沒見過，真他奶奶饞得慌！老于啊老于，你上了天堂，可別忘了地獄裡受苦受難的窮哥兒們！

我聽了有些心酸，眼淚不由地奪眶而出。

西門慶說得好，我和洪月雲結婚，上了天堂。婚後，她處處遷就我，為了怕我過年想家，她春節帶我回家拜過年，便陪我去遊山玩水，寺廟燒香。遇見熟人，她介紹我是中學校長，絕不提耍魔術、住肺病療養院的事。其實我也聽不太懂閩南話，別人背後說啥，我根本不在乎。為了顧到我飲食習慣，阿雲學習蒸饅頭、揑麵條、做疙瘩湯、包水餃或烙油餅；過去她從不吃饅頭，吃了胃酸，易餓，如今逐漸養成吃麵食習慣。她跟我學習炒菜，頭腦聰明，看兩遍就會，而且青出於藍，比我炒得更加好吃。每隔十天半月，我倆合作包水餃，她反對用韮菜餡，尤其懷孕以後，聞到韮菜味道嘔吐。她常說：「于有，饒了我吧。吃了韮菜餃子，你把我整死啊！」

阿雲叫我于有，成了習慣，有時聽到于光反而不順耳。阿雲啊，你這個名字改得好，從光到有：有了妻子、有了書房、有了家庭，再過幾個月就會有兒女；若是有個工作，那真是十全十美了！

那天，我正在菜園摘蕃茄，西門慶帶著文泰來找我。文泰皺著眉頭，蹲在地上向我說：「老于，我真倒楣！林阿貴這小子拐款潛逃，昨天落網。你再回學校好不好？你熟悉學校情況，你做副校長也行，甚至做校長也行。曾文正公說，路遙知馬力，日久見人心。過去造船公司虧待了你，那不能賴我。……你不夠意思，結婚也不通知我，啊，你把老朋友忘了？」

文泰講了一大套，使我發怔。我請他們到屋裡坐，文泰堅持要我答應馬上返校，因為目前子弟學校陷於停頓狀態。這件事讓我躊躇不決。當初造船公司強迫讓我離職，我有一肚子苦水無處傾訴。如今姓林的流氓拐款潛逃，學校的女教師群龍無首，最後只得找我回去收拾殘局。即使我願意回去，我也得先和阿雲商量一下。

「讓我考慮一下，過兩天答覆你行唄？」

「明天早晨，我聽你的回話。順便接你回學校工作。」文泰向四週打量了一下。「關於你太太搬過去的問題，隨後解決。」文泰走了幾步，又折返回來：「你的工資比過去高，你放心，我文泰不會虧待你。」

文泰的汽車停在洪灣村口，他走了一段崎嶇不平的路，跑來找我，令人感動，但他那次在辦公大樓接見我的冷漠態度，想起來卻使我寒心。文泰啊文泰，當初你是怎麼進〈海峽劇社〉的？你進來以後，受到上面器重，一步登天，卻把我們這些從大陸跟隨來台的人，一腳踹出門外！那天你對我的態度，多麼驕傲神氣！我是噙著眼淚回到肺病療養院的。

我把這件事告訴了阿雲，她猶豫不決，拿不定主意。想了很久，最後作出應付方案：盡量辭掉這份工作，因為阿雲懷孕時期，搬家不方便，需要照顧；若是明天文泰懇切邀請前往工作，我先住學校宿舍，然後再湊錢買一輛麾托，每晚騎車回家，照顧阿雲。次日清晨，文泰、老張，還帶了兩個工人，把我的簡單行李、書籍用品搬上貨車，回到子弟學校。

一群明眸皓齒、天真未鑿的男女孩子包圍了我。有的朝我傻笑，有的發楞，有的以新奇的目光審視我。拍拍這個頭，摸摸那個臉蛋，頓時猶如炸窩的一群喜鵲，笑得你推我、我擠你，東倒西歪。啊，生活在孩子中間樂以忘憂，真是幸福。

老師們見了我格外親熱，彷佛忘記我得過肺病，不停的問長問短，有的聽說我已結婚，他們非逼我請吃喜糖不行，我吩咐校工老張去福利社買巧克力糖，分給老師們吃。他們談到林阿貴在校時，每晚燈火通明，賭徒雲集，他從中抽頭，坐享漁翁之利。由於龍蛇混雜，時常發生鬥毆事件。有時賭客在深更半夜去敲雜貨店門，買些蠟燭、火柴、香煙或食物，攪得眷區不得安寧。最令人痛恨的則是贏錢的賭徒，跑到眷區麵攤喝酒、吃宵夜，大談賭經，嘴裡不乾不淨，許多年輕姑娘晚間不敢出門。林阿貴東窗事發，才引起造船公司牛總經理的重視，否則林阿貴早晚會把這所學校拖垮不可！

雖然發生副校長拐款潛逃被捕事件，澎湖縣政府卻批准這所學校，這是最大的諷刺。也是文泰料想不到的事情。文泰拿著公文，朝我苦笑：「你剛來不久，縣府教育局就准予立案。老于，你可真有福氣。可是，我正替你發愁，你有沒有文憑？」

「這話你還用問？我連小學畢業證書也沒有。」

「這麻煩了。中山先生說：名不正則言不順。咋辦？」文泰搔起頭髮，掉下不少頭皮屑，雪花一樣。

「我回洪灣村種菜去。阿雲懷孕，家裡需要人照顧。」我講實話。

「不行。」文泰點上香煙，吸了兩口，想出了絕妙辦法：「我問你，濟南有沒有師範學校？」

「當然有。還有女子師範，在南關。」

「于光，我找人幫你用肥皂刻一個學校印章，弄一張師範畢業證書，你把年齡、籍貫寫給我，啊，哪年哪月畢業，你也寫下來。」

「這不是偽造文書？」我聽了有些緊張。

「怕啥？這是安全室余主任的指示，你緊張啥？」文泰吸了一口煙，幽秘地說：「余主任作校長，他請你作教務主任，他說你的人品不錯。」

縣府教育局的正式編制公文尚未到校，仍由總務處長文泰兼任校長，我是掛名副校長兼辦總務，每週有八節課，由於駕輕就熟，工作倒很愉快。許多教師感到心神不寧，有的因為文憑問題，若繳不出來難以擔任教員職務，有的教學經驗不足，唯恐將來受到人事部門淘汰，大多數揣測新任校長會是誰？雖然我心中有數，但是在人事尚未明朗以前，我不便隨意講出去。

縣教育局是小官僚單位，上至局長，下至雇員，每一個都長著晚娘面孔，向他們問事情，帶答不理，若遇上性急的人，非被他們氣得口吐白沫，一命嗚呼。研商辦校編制，我陪文泰去縣政府開過不少會，預定九時，但左等右等，總拖到十點才能開成。

那個長得像瘦皮猴韓蘭根似的局長，講話從來不看對方，只是低頭抽煙看文件法典，講起話來也很囉嗦，從不直接談論問題，總是轉彎抹角扯上半天閒話，最後再回到正題上。最妙的每次談話，他總得把他的學歷、經歷展示一遍，讓人知道他是教育系出身，而且從科員做起，如今爬上這個位置，流下不少汗水，頗有委屈之感。

文泰喜歡講名人語錄，但自從碰了這位局長的釘子，再也不敢多說話。那日，局長當眾刮文泰的鬍子，而且聲音洪亮，雖然是台灣味的國語，但發音十分清楚，只是腔調有點滑稽可笑。

「俗（十）年肅（樹）木，百年肅（樹）忍（人）。文代校長，這肅（是）孔祖（子）索（說）的麼？我們辦教育的忍（人），不能強不足（知）以為足（知）啊！文代校長，你大概不是學教育的吧？」

「啊，局長，不瞞您說，兄弟高二肄業……」文泰結巴起來。

「高宗（中）沒畢業，代理浩丟（閩南語，校長），這肅（是）開會？還肅（是）開玩笑？」

局長叼著紙煙，拂袖而去。我陪同文泰，灰溜溜地坐汽車返回學校。

文泰一路上長吁短嘆，不停地罵娘。眼眶飽含淚珠，顯然他受了很大的委屈。文泰抓住我一隻手，激動地說：「新官僚，比老官僚更可惡，可恨！這是過去一位從官場下來的前輩說的話。老于，你明白不？因為老官僚還有人情味，給對方留面子；可是新官僚目中無人，根本不懂世故人情。……他媽的！」

文泰到縣府去開會，是硬拿鴨子上架，他曾向上面請求余人傑去，他是預定的首任校長，但縣教育局不同意，他也毫無辦法。這項編制方案討論了十幾次，而且由牛總經理出面擺了三次筵席，灌得局長頭暈眼花，胡扯八道，最後才批准成立「澎湖縣立擎天國民學校」。公文到達時，已經快放暑假了。至於誰當校長，尚未揭曉。

12.

為了應付學校立案後的突發情況，雖說放了暑假，但我每隔數日還得騎摩托車到校辦公，這是文泰對我的叮囑。縣教育局批准成立「擎天國民小學」，那原有的初中班級學生、兼課教師便面臨轉學、轉業的命運。每天電話鈴聲不停，皆為造船公司職工眷屬抗議。他們不問來龍去脈，開口就罵。有一次我接到電話，他不問我是何人，便用冷嘲熱諷、不慍不火的口氣說：「你們這種辦事態度，真不敢恭維。中國大陸就是被你們搞垮的。你們為人師表，怎麼對得起先烈？怎麼對得住死難的軍民同胞？……」我插話問：「你指的先烈是誰？」「你連先烈是誰都不知道，你怎麼配當老師？先烈是林覺民、方聲洞……」「你扯得太遠了，先生。」「我問你，你們不辦初中，我們的孩子怎麼轉學？首先就是交通問題，你們要為學生解決。」「你去找牛總經理，他才能夠為你們解決。」「你是什麼東西？為什麼把工作向上推諉。」「我不是東西，我是學校的教師。」「你配做教師？你一定是共產黨派來的間諜，專門瓦解民心士氣……」我啪地一聲掛斷電話。不久，鈴聲響起，我拿起話筒，說罷「放暑假，不接電話。」我把話筒擱在一邊，任他們罵去！

值得高興的是阿雲即將臨盆，我可以利用暑假的時間伺候她做月子。我曾建議她去澎湖醫院檢查，阿雲始終推諉不去，她大抵看到洪灣村婦女，生育如同上廁所拉屎，只要生下孩子，不到滿月就回田間勞動、海灘織網。有一天她告訴我，她同學曾去醫院作孕婦產前檢查，躺在手術檯上，醫師用鉗子撥弄女人陰户，那滋味實在難受。阿雲說洪灣村有一位接生婆，很有經驗，而且價錢不高，若生下男孩，給她一百，若是女孩，最多送她七十五，她一定非常高興。

「不行，你要住醫院生產。」我堅決地說。

那天傍晚，我雇了一輛汽車，把阿雲送進澎湖醫院產婦病房。晚間十時左右，她腹部絞痛，臉上直冒虛汗，被推進產房。我坐在門外椅子上，偶爾聽到阿雲呻吟聲、呼喚聲，心如刀絞一般難受。我暗自慶幸將她送來醫院，若是耽誤了時間，阿雲豈不只有等候接生婆麼？阿雲好阿雲，老天爺保佑你，只要平平安安生下孩子，不管是男是女，往後你就別再受苦了。啊，我聽得女護士呼喚聲！難道發生什麼問題？天哪！你才二十八歲，身體這麼硬朗，怎麼會難產？我拿起了筆，顫抖的手在手術志願書上簽名字。只要阿雲不要嬰兒，縱然是一個橫位的男嬰，我也不要。我只盼望阿雲健康活下去，無病無災地陪伴我渡過一生。

阿雲甦醒過來，一眼看到病床旁的我，禁不住嗚咽成聲。哭啥？丟掉一個小嬰兒算啥？兵荒馬亂年代，多少青年壯丁喪失了生命！飢荒的年代，多少同胞餓死荒郊！何況你還年輕，還愁缺兒少女？阿雲啊阿雲，咱們不必要什麼兒女，法國作家巴爾札克說得好：朋友，你不要結婚，更不要生孩子。你給他們生命，他們卻給你死；你把他們引進了世界，他們卻把你推出世界去！阿雲凝聽了半晌，臉上現出了笑影，嘴中不停地咕嚕，于有好于有，我們不是法國人，你說的不是真心話，你騙我。阿雲，如果我不騙你，你咋會嫁給肺病鬼、窮光蛋？……你哭啥？莫非你後悔和我結婚？

阿雲搖晃頭，像一隻潑浪鼓，「不是，不是！」

我抱住她的頭，不准搖晃。剛開刀，身體虛弱，搖頭會暈眩嘔吐。

阿雲出院後，回到家中，時常默聲流淚，像中了邪。我安慰她，唱河北梆子、山東民謠給她聽，她始終苦喪著臉，彷彿期待世紀末日來臨，了無生趣。是啊。若是臨盆以前到醫院檢查，一定會使嬰兒順利生下來。這是我的疏忽大意，也是阿雲堅持不進醫院所造成的錯誤，如今懊悔又有何用？

阿雲你別流淚，哭壞了眼睛沒人管。你今年才二十八，這麼年輕就變成瞎子，看你哪年哪月才摸到山東老家？

「臭于光，你不要我了？」阿雲抓住我的胳臂。

「誰稀罕一個女瞎子？……」

沒等我把話說完，阿雲就用兩隻拳頭敲我的背，臭于光、死于光罵個不休。我暗自高興，只要阿雲不掉淚，不傷心，哪怕一天到晚敲捶我的背，我也心甘情願。

夏天的夜晚，月光從窗櫺外投射在木床上，阿雲睜著兩隻水靈的大眼睛，和我相對無言。當眼睛疲倦的時候，我閉上眼睛吻她的額頭、耳朵、臉腮、嘴唇……阿雲，為了怕你受苦，等過些日子，我帶你去醫院裝子宮環。瞞著你父母，他們腦筋封建，沒兒沒女多自由，有兒有女做馬牛。只要我對你恩愛，你啥也別操心，敞開懷放開心過日子吧！

「于有，于有！」阿雲充滿甜蜜的喚聲，讓我心醉。

「為啥剛才你叫我于光？」

「剛才是敵人，現在是丈夫，當然稱呼不同。」

「雲啊，雲……」我摟緊了她，歇斯底里地說：「俺不是你丈夫，俺是你的奴隸、僕人、情人、愛人……目前中國大陸夫婦互相稱呼愛人，憑良心說，這種稱呼不錯，既詩意，又好聽。從現在起，你叫我愛人，我也叫你愛人，誰忘記這個稱呼，罰他洗一天碗，行唄？」

窗外的牆角，傳來了青蛙的呱呱叫聲。莫非青蛙也在恥笑我天真、幼稚？

炎熱的夏夜聞蛙鳴，不到半夜陰雲密佈，嘩嘩下起雨。她脫去身上僅剩的一條三角褲，抱住我說，你安的什麼心？好于有，我身體並不比你差，學生時代是游泳運動員，不給你生兒育女怎麼成？那我怎麼好意思去山東？我們遵守衛生局宣傳口號「兩個孩子恰恰好」，我生下兩個孩子，就去醫院作結紮手術。行不行？

「行！」

窗外的雨愈下愈緊，海風吹進窗櫺，捲進一陣夾雜腥鹹氣息的雨絲。

阿雲伸出一隻手，拽我一把：「行就上來！」

擁抱著這隻富於彈性的海豚，在狂風巨浪中翻滾。風在吼，雨在咆哮，我隱約地聽到一群男女青年的歌聲……呼呼呼呼，潮漲起海風，嘭嘭嘭嘭，風狂浪濤湧。前浪推來，後浪跟蹤，奔馳勢洶洶。一波掀起，直立如高峰，一波伏下，水底現蛟龍。浪來浪去，拍著海岸，嘭嘭嘭……驀地，阿雲發出洪亮的呼喚，像哥侖布發現了遠方浮現海面的島影，她喜極而吼，癱臥在我胳臂上。

阿雲好阿雲，只要你在我身旁，我便感覺到生命的珍貴。我得努力工作，擔起養家餬口的責任。是啊，自從阿雲不喊我于光，改喚我「于有」後，我彷彿時來運轉，改變了命運。開學前三天，我們接到縣政府的派令，擎天國民小學首任校長既非文泰，也不是余人傑，而是蕭曼珠的胞兄蕭熙，這是爆出冷門的人事安排。更使人感到意外的我竟然被聘為教務主任。啊，肥皂刻的師範學校畢業文憑，還真派上了用場，我既緊張而又興奮，暗自下定決心，放棄文學寫作，全心投入教育事業，鞠躬盡瘁，死而後已！

蕭熙是一個高身材、面色清癯的青年，他的顴骨稍高，眼睛有點怯光，老是眨巴眨巴，好像熬夜過份疲勞的樣子。他今年已三十六歲，由於性格內斂，而且久經風霜，看起來比我成熟得多。他的日文水平高，書櫥內擺了不少日文社會科學書籍，他卻從不講一句日語，甚至連日文詞彙也不引用。每當提起偽滿時期的生活，蕭熙總是顯得十分激動，他唱起「遼河的水，松花江的浪」的歌，卻又熱淚盈眶，看起來他是一個神經質的知識份子。

每天早晨，天麻麻亮，蕭熙便在操場作體操。他那略顯笨拙的動作，讓我覺得滑稽可愛。蕭熙不吸煙，不喝酒，不打牌，不苟言笑，由於他的言行過份拘謹，生活過份嚴肅，因此教員背後都喊他「老夫子」。蕭熙和他妹妹曼珠的性格截然不同。

每次蕭熙和我談話，都是談論有關教學業務問題。他的要求非常嚴格，每次月考，他總事先審閱考試題目。對於教師的教學方法、進度，他也常提出具體改進意見。有幾位造船公司職工眷屬教師，暗地向我訴苦：「老夫子來了，才知道教書這碗飯不容易吃，若是他連任下去，我決心不幹了。」

開學不久，我收到任勛的信，他通知我上次寄去的電影劇本，已經通過。將在近期籌備拍攝，並可寄出稿酬。他勸我再為電影公司寫劇本。我覆信說明暫時放棄寫作的原因。並且把蕭熙擔任校長的情形告訴他：「他和曼珠的性格不同，大概他們不是親兄妹吧。一笑。」過了半月左右，任勛從台北寄信告訴我，原來蕭熙和曼珠是同父異母兄妹，曼珠是姨太太生的。兩人感情不甚和睦。任勛一直不知蕭曼珠下落。

有一天傍晚，學校早已放學，只有幾個高年班學生在打籃球。校工老張通知我，校長有事找我談話。我有些緊張，莫非出了差錯。從開學到現在兩個多月，蕭校長從未約我談過話，任何事情都是清晨會報中商討解決，從不拖延時間。蕭熙辦事明快迅速，小葱拌豆腐——一清（青）二白。

校長室佈置簡單樸素，四面牆壁用天藍色油漆刷過，原有的舊沙發，上面罩了雪白沙發套，茶几上擺著珊瑚礁盆景。辦公桌兩旁的書櫥，除了中日文有關政治經濟學書籍，皆是中山先生和蔣總統著作。我發現蕭熙桌前放著一本小冊子，〈改造教育與變化氣質〉。

蕭熙倒了一杯開水，遞給我。

「你每天下午幾點鐘離開學校？」他問我。

「五點五十分。」我答。

「你急著回去做什麼？六點半才天黑呀！」

「天黑了騎車不方便。」

「你在眷村租間房子，用不著來回跑了。」

「不行。家裡做小生意。」

「什麼生意。」

「賣菜。」

蕭熙頓時停止了談話，站立起來，從書桌中間抽屜拿出一個牛皮紙信套，那是他剛領到的薪水，遞給我說：「于老師，你拿去先用。我是單身漢，用不著多少錢。」這突來的舉動，既使我感激，又使我覺得難堪；你是經濟學專長，我是文學工作者，兩人各有所長，誰也不比誰矮一截，我憑啥接受你蕭校長的施捨與同情？我把薪水袋放下，邊說邊走：「如果我有困難，將來再向您求助。您也該休息了。」

余人傑原想兼任擎天國民小學校長，這是造船公司牛總經理的安排，誰知縣教育局公事公辦，派了蕭熙作了首任校長，這對於余人傑是一個打擊。他是造船公司的安全室主任，對於學校教職員的思想考核，仍具有一定的實際權力。每去公司辦公大樓取報紙信件，只要碰上余人傑，他總拉我去他辦公室喝茶，談些學校事情。

「老于，最近有個情況對你不利，你可得留意。蕭熙不知從什麼地方聽到消息，你的師範學校證件是假的，他可能拿你開刀！東北人非常厲害，你小心點！」有一天，余主任認真地說。

我並不感到緊張，原來離開了學校，已不打算回來。是文泰邀請我重作馮婦。用肥皂刻出畢業證件，也是他們策劃安排的。

「蕭熙的政治背景非常複雜，蹲過偽滿監獄，作過東北抗日聯軍政工幹部，他和第四野戰軍關係深，林彪部隊打到海南島，蕭熙還跟他們聯繫過。這件政治犯案件咋翻了案，蕭熙無罪開釋呢？我一直納悶，這一定是共產黨暗地幫助。老于，請你隨時反映蕭熙的一切行動。退此一地，便無死所，台灣、澎湖是咱們生死存亡的最後基地。」

余主任的話，既讓我感到厭煩，也使我惶恐不安。我實在後悔，不應該聽信文泰的勸促再回校工作。進而聯想起阿雲難產的事，也和我回校有關，心裡更加懊悔。阿雲知道我的心事，她勸我暫時忍耐下去，等明年學期終了再作進退決定。我做了「過河卒子」，也只有努力向前了。

中秋節過去，澎湖風季來臨，每天騎摩托車沿海邊公路疾駛，確是一件苦事。強勁的海風迎面襲來，吹得面孔疼痛，眼睛也不敢睜開，幸而我買了一付風鏡，否則簡直無法騎車上路。沿著彎曲的濱海路上奔馳，看那浩瀚的墨綠色的海峽，千萬朵茉莉花般的浪花，發出嘩啦啦的合奏曲，煞是壯觀動人。從洪灣村越過三公里的濱海路，便到達馬公港口，有時碰上海輪停泊碼頭，常見旅客提著行李下船，在擁擠的人潮中，我多麼渴望見到熟人！有一個清晨，我聽見有個旅客大聲喊我，刹住機車，定睛看時，原來任勛提一隻旅行袋，衝出人群向我跑來！

「上車吧！」我吩咐他：「到學校我給你下麵條吃。」

迎著強烈的海風，他摟著我的腰，斷續地聽出任勛近來的生活情況。他在電影公司工作，由於人事傾軋，最後賭氣離職，索性進入一家晚報作影劇記者。每月的工資，僅能維持二十天伙食費。任勛這次特地投奔蕭熙而來，看他能否為任勛在學校找一份雇員工作。問起蕭曼珠，最近任勛從一部香港影片上看見了她，她在〈碼頭風雲〉故事片中飾演一個黑社會頭目的姘婦，這證明她已去了香港。任勛告訴我，陳茜和舒淳上月在台北結婚，他們可能赴美定居。

為啥結婚不通知我？我心裡很不舒服。

趁著任勛和蕭熙會面的時間，我先去廚房替任勛做早飯。煮了一大碗嗆鍋麵，打了兩個荷包蛋。我見任勛吃得滿臉冒汗，心中非常高興。中午放學時，我騎車帶他去眷村小館切了一盤滷菜，打開一瓶高粱酒，談起了清晨和蕭熙會面的經過。任勛發牢騷說：「台灣的水土和大陸不同，人都變了！」

任勛好任勛，別說這種洩氣話。到底蕭熙說了些什麼？你倆是一根籐上長的瓜，在偽滿時期一同坐牢，在流亡時期一起餐風飲露，共過患難。雖兩人志趣不同，但是一顆熱愛祖國的心都像初昇的太陽一樣紅。現在蕭熙當了小學校長，他推薦你做一名教師，或是雇員，應該不成問題吧？

于光啊于光，說來好不令人心傷。蕭熙一張嘴就打官腔。他問我這是啥地方？既不是長春，也非瀋陽，大陸跟台灣不一樣。走後門、拉關係，一切不良風氣一掃光。他不給我找份工作不要緊，最讓我難堪的他批評我為啥裝啞巴、出洋相，把東北老鄉的臉皮丟光！

任勛面孔通紅，已有三分醉意。便換小飯館伙計炒一盤蔥爆牛肉，來一碗酸辣湯，開始吃飯。

「明天我就回去。」他說。

「既然來了，就由不了你。今晚，我帶你回洪灣村吃晚飯。明天，我去見一下文泰，也許他會幫忙安插你回海峽康樂團。」

傍晚，我騎摩托車載任勛返回洪灣村。說來真巧，連我也忘記此事。虧得阿雲心細如絲，她宰了一隻母雞，炒了兩盤熱菜，還準備豬腳麵線，為我過生日。任勛酒量好，我特別到雜貨店買了兩瓶大麯酒，讓他喝個痛快。

果然，任勛喝了酒，話多。他把埋藏在心底的牢騷話也都掏了出來。為了逃避政治犯嫌疑，裝了一年啞巴，後來潛逃出境，跑到高雄，考取丹心廣播電台作播音員。任勛初進電影圈，滿懷豪情壯志，以為可以發揮所長，為電影事業作出貢獻。但是，他所接近的那些男女，鉤心鬥角，爾虞我詐，猶如茅坑的一窩蛆蟲，整天在那裡鬼混。最後他賭氣離開了電影圈，作了台北一家晚報的影劇記者。

老于啊老于，我記得在天津的時候，看過一部〈出賣靈魂的人〉，上海電影廠拍攝的故事片，粗製濫造，毫無內容。可是片名卻一直記在腦海。我跑了一年多新聞，認識的所謂文化人、藝術家，語言無味，面目可憎，男的出賣靈魂，女的出賣肉體，他們還口口聲聲為藝術犧牲，哈哈！……任勛端起酒杯，一飲而盡。他的眼圈顯得朦朧泛紅，舌頭也有點不太對勁，聲音卻愈加高亢有力了！

蘇聯有一個作家說過：「一方面是莊嚴的工作，一方面是荒淫與無恥。」這個小說家叫啥？我看過他一部長篇小說，描寫十月革命後的農村社會變化。老于啊，大陸來台灣一百多萬人，龍蛇混雜，確實也有不少埋頭工作、默默無聞的人，可這些好人卻像土撥鼠，永遠埋藏在地層下，露不了頭。不敢見陽光，一見陽光眼睜不開，有的還會失明。若是社會上好人不出頭，你說還有什麼希望？屈原不滿現實社會，投汨羅江自殺！可我卻沒有跳台北淡水河的勇氣，只有喝酒。來！我敬你和阿雲嫂一杯，我先乾為敬……

阿雲喝過杯中酒，急忙斟了一杯濃熱的烏龍茶，遞給任勛，讓他解酒。

次日清晨，任勛堅持去馬公買船票。我故意敷衍他，先騎車載他到辦公大樓。進門，碰見安全室余主任，他見了任勛有點驚訝，我把任勛想來擎天國民小學工作的事，大略向余人傑講過後，他熱情地握住任勛的手：「任勛兄，你是造船公司的老同事，既然想回來工作，我們歡迎。如果學校有困難，回海峽康樂團，駕輕就熟，團長副團長隨便你選，哈哈！」

我聽了余主任的話，喜出望外。見了文泰，他也很樂意任勛回來。自從林阿貴捲款潛逃，牽連了海峽康樂團內部數名團員，皆被收押，因此康樂團形成癱瘓狀態。如今既無團長，也無副團長，名義上仍由文泰兼任團長職務，不過已經很久沒有舉辦演出活動。十幾名男女團員吃了睡、睡了吃，許多工人暗地咒罵：「我們一天到晚做工、流汗，他們一天到晚打炮、流精。太不公平！」

三天後，任勛接到派職公文，擔任〈海峽康樂團〉團長。工資比我高，讓人興奮。最出力的余主任說：「蕭校長不准你去學校當雇員，造船公司聘請你作團長，誰是真正的朋友，任勛兄，你應該瞭解吧？」

任勛甚為感動，他到職以後，全心投入康樂工作，編排歌舞劇，練唱藝術歌曲，並且從外面延攬了數位曲藝演員，編寫新相聲、新雙簧，不久便正式演出，受到造船公司職工的普遍好評。有一次牛總經理看了節目演出，大為激賞，當場接見任勛：「你不是啞巴了嗎？吃的啥仙丹治好的？」

「我也弄不清什麼藥。」任勛楞頭楞腦地說。

「你好好幹，我一定支持你。招聘新演員，對外營業演出。咹，將來你找個女團員結婚，我作證婚人。」牛濤咧著厚嘴巴，笑嘻嘻說。

從任勛碰過蕭熙的釘子，他再也沒去學校。任勛住在職工宿舍，有時跟蕭熙在眷區或碼頭碰面，任勛也是避而不見。過去任勛佩服蕭熙，認為他是赤膽忠心愛國主義者，即使因他牽連了政治嫌疑，受到監視與審訊，他也依然衷心擁戴蕭熙，毫無半句怨言，但現在任勛卻對蕭熙非常失望。過去他為蕭熙兩肘插刀，義無反顧；如今找上門來求他找個餬口差事，卻吃了閉門羹，任勛怎麼不耿耿於懷？

蕭熙不瞭解外界對他的任何議論，他幾乎把全部精力投入教育工作。他每天巡視聽課、抽查學生作業、觀看藝文球類比賽，甚至廚房、廁所衛生清潔，他也不厭其煩檢查督導，因而引起教職員一片怨言：「老夫子把日本軍國主義那套辦法搬過來了！」

快放暑假時，蕭熙找我談話。他提起任勛的事。于主任，任勛想來學校工作，這不是扯我的後腿嗎？他既不是師範學校出身，又無教學經驗，他怎麼能來學校？任勛是我中學時期最好的同學，他回台北以後，連一封信也懶得寫，我也不知道他鬼混什麼。我給他寄了兩次錢，原封退回，你看這兩封掛號信，這個人太不懂事了！孽天國民小學是國家的，不是我蕭熙的，他怎麼還是大陸上的那種陳腐觀念？

我忍住笑，把任勛擔任〈海峽康樂團〉團長的事，告訴了他。

「為什麼任勛不來見我？」

「他忙。」

「他生我的氣？」

「也許吧。」

「放寒假，你請他過來坐坐，我向他解釋這件事，這是一場誤會。」

「我來安排。最好咱們三人去馬公吃飯，我來做東。最近中山路開了一家餃子館，生意不錯。」

「于主任，咱們從事教育工作，到茶樓酒肆去應酬，你覺得合適麼？」

「那等過年後再說。」

和蕭熙作私人談話，總會惹一肚子悶氣。最讓我不諒解的蕭熙腳上的破皮鞋已經補了數次，實在難看，他卻時常把自己薪水捐獻「反共抗俄聯合會」、「大陸救災委員會」。蕭熙常在校務會報上唸經，什麼先天下之憂而憂，後天下之樂而樂。但在溟濛幽邃的黑暗的中國，卻總見憂愁的事物，我看老夫子只有永遠愁眉苦臉吧！

13.

海灘上是寧靜的，幾艘小舢舨擱淺在零亂的沙石之間。正值退潮，海水發出嘩啦啦的聲響。從浪花裡浮現出一些小蝦或蚌殼，最後被滯留在細碎而潔白的沙堆裡。從洪灣村傳來一陣陣辟哩啪啦的鞭炮聲，猶如在我們這兩個離鄉背井的胸腔爆炸。只要嗅到春節的氣息，我們心就像壓了鐵錨一般沉重而難過。

剛才在屋裡聊家常，任勛談起故鄉春節往事，禁不住嗚咽成聲。為了沖淡他的思鄉情緒，我陪他到海邊散步。阿雲留在廚房做年夜飯。我倆坐在海邊石頭上，遠眺茫茫的無涯的台灣海峽，在那遙遠的風雪覆蓋的北方，有任勛的親友和鄰居圍爐談話，他們會不會想到任勛？

于光啊于光，我後悔，後悔當年不應該倉促決定出來。有句話不知道該不該說，咱們離開家鄉容易，但是想回去可比登天還難。于光啊，你說，咱們這一輩子還有沒有回去的一天？你說。

任勛，我不是于鐵嘴，也不是于半仙，我怎能預言未來的事？不過我要提醒你，你思念家鄉沒有用，還是先把自己身體保養好，那比什麼都重要。蘇東坡有兩句詩，但願人長久，千里共嬋娟。

任勛抱頭大哭！

哭吧！洪灣村的男女老少都沉浸在春節的歡樂聲裡，誰也不會聽見一個外省人為思鄉而哭泣。

哭吧！迢遙的台灣海峽永遠湧泛著浪花，說它有情也行，說它無情也行，它永遠夜以繼日從不歇止地湧泛著、激盪著、澎湃著；那巨大的海浪聲浪掩沒了任勛的哭聲。

任勛的命運比我好不了多少，他十三歲死了娘，他的父親是一位勤勞而節儉的鐵路工人。那夜，瀋陽市郊槍炮聲比過年鞭炮還密，還緊。任勛的行李捲已經打妥，準備和蕭熙一起動身。老工人吸著廉價紙煙，搭拉著頭流眼淚。半晌，他才說出心底的話：兒呀，不是爹阻攔你，你尋思一下，不出去行唄？瀋陽城幾十萬人，資本家、大地主，還有偽滿大臣，你跑出去幹啥？你也不是什麼有頭有臉的人物。再說，兒呀，聽說他們把鐵路工人劃成無產階級，生活有照顧，有沒有這檔事兒？

任勛是急躁脾氣，約好晚上八點一起走，那時已九點多，還沒見蕭熙的影子，莫非臨時發生問題？老工人顫巍巍走近坑沿，從枕頭下摸出一捲折皺的鈔票，塞給任勛。把這點錢也帶走。窮家富路。兒啊，你老是咳嗽，少抽煙。在外邊少說話，沒人會把你當啞巴賣了。我還真巴望你是啞巴，要不介，你咋給日本鬼子關起來，灌汽油，抽鞭子，媽拉巴子！老工人的話囉嗦，既不合邏輯，也不好聽。但如今任勛回憶起來，比蜜還甜，比棉袍還暖和。他曾向我講過幾十遍，每次講起來總是鼻涕一把淚一把。哭得跟劉備一樣。

為了招待任勛，年夜飯只做兩樣小菜，包牛肉餡水餃，剝了兩頭蒜，酒味加上蒜味，電燈光下浮現一片煙霧。

任勛吃蒜如吃花生米，讓阿雲大驚失色。任勛臉上冒汗。他說吃蒜是一種享受。它如同臭豆腐，聞起來臭，吃起來卻香。吃蒜比吃辣椒好處多。

任勛喝了兩杯酒，酒後吐真言，他對余人傑非常不滿。蕭熙牽涉華陽艦政治犯案，原來是羅織的罪狀。為了殺一儆百，故意把蕭熙關起來，讓其他大學生發生內訌，進而揪出潛伏在長白師院的間諜。可是，那些純潔的從關外進關的知識青年，怎會是共黨同路人？若是他們思想左傾，留在大陸，易如反掌，何必跋涉萬水千山來台灣？任勛抓住我的手，噙著熱淚說：「蕭熙是個好人哪！他連共產黨是啥樣子都不知道，只看過幾本經濟學參考書，他怎麼會有政治問題？余主任叫我檢舉他過去歷史背景，我說小葱伴豆腐——一清（青）二白！」

開學不久，任勛隨同牛總經理赴日本參觀造船工業，並且採購一批器材。任勛的日文程度不錯，無論文字或語言翻譯都勝任。他臨走前並未向我辭行，而是當他走後我才知道。這件事我有點納悶，是任勛怕來學校見著蕭熙？還是他們赴日行動機密？我實在茫然不解。據文泰事後告訴我，牛濤為挑選日文翻譯，曾經考慮數名人選，最後才決定讓任勛去。任勛躊躇不定，而且曾推薦蕭熙。文泰說，這個人太沒心眼兒，傻里傻氣，別說蕭熙的日文程度不比任勛好，即使比任勛好，牛老闆也不會讓蕭熙同行，再說安全室余主任也決不會同意。

余主任原想派造船公司一位澎湖籍工程師去，一則他熟悉造船業務，對於採購器材內行，同時他曾留學日本，對於當地交通住宿有相當的瞭解。最大的優點，原籍澎湖的人決不會發生滯留海外或潛赴中國內地的冒險行動。可是，余人傑最妥善的簽具意見，卻未被牛濤接納，他卻斷然批示讓任勛同行，結果終於發生了意外。

任勛到達日本，肉包子打狗——有去沒回，這件事像一場颱風，吹毀了造船公司的辦公大樓。牛總經理調職、余主任撤職，文泰也獲得記過處分。每天，許多穿便服的情治人員，到達公司分別召喚職工談話，調查任勛平日接近的人。我曾被傳去談話，他們問任勛來造船公司後，和蕭熙的交往情形。我照實講了一遍。當然也無法獲得結論。

過了一個多月，蕭校長從馬公開會回來，帶了一份香港出版的報紙，幽祕地對我說：「任勛回瀋陽了！」我接過報紙，才知道他從橫濱搭乘海輪到了大連，轉抵故鄉瀋陽。報導說任勛返鄉後，當地政府安排他在〈瀋陽話劇團〉工作。報紙還登載出任勛和老工人父親擁抱哭泣的照片。我看了有些心酸，禁不住掉下眼淚。

「你覺得怎麼樣？任勛回去對是不對？」半晌，蕭熙像上課時詢問學生問題。

「他一直想家。過年時，談起他父親，任勛抱頭大哭。他出國也沒有告訴我。大概他唯恐出走以後，給我惹麻煩，他顧慮太週到了。」

唉！蕭熙長嘆了一口氣。這事我要負道義責任。當年是我帶他出來的。我像居格涅甫寫的羅亭一樣，言論是勇士，行動如懦夫，我從來沒辦過一件漂亮事情。蕭熙啊蕭熙，這個冷若霜的老夫子竟也動了感情。眼淚不由地奪眶而出。

人各有志，你也不必想那麼多。我低聲說。

任勛是個有血性的愛國主義者。當初，我準備把我妹妹介紹給他，但是曼珠不喜歡他，他對曼珠也沒意思。一句話，沒緣份。任勛不應該離開電影公司，他缺乏耐心，台灣地小人多，人浮於事，他不認識這個客觀形勢，那不是自尋苦惱麼？我最難受的是他臨走前，和我發生誤會，一直不跟我講話，好像仇人似的。唉，終身遺憾！蕭熙說著掏出手絹擦眼睛。

任勛出走事件，猶如七級地震，把造船公司整個摧毀殆盡。牛總經理調到台北經濟部作參事。造船公司更名馬公船舶修護廠。新派廠長林威，原任海軍少將副司令，到職不久，每天凌晨召集全廠職工跑步、練操，整得老哥們捧著突出的肚皮罵娘。原來的編制大量縮減，不少職工轉業或離職。李維篤降為科長，文泰降為事務員。任勛領導不到三個月的〈海峽康樂團〉撤銷，全體團員一律解雇。文泰曾向林廠長建議，留下一名女團員做總機接線員，林廠長的臉色一變，操著濃重福州官話：「

不要開玩笑。」嚇得文泰灰溜溜走了。

自從擎天國民小學成立，學校已完全脫離造船公司而獨立。雙方所謂關係，也僅是造船公司職工的子弟，絕大多數皆為我校學生。林威到職後，任何公文都下達學校，有時還指派學生參加晚會，命令教師出席紀念週，站在工人後面凝聽林廠長用福州官腔訓話。

蕭熙曾以電話向縣教育局反映，說出這種令人尷尬的情況。無奈教育局小官僚怕得罪人，故意敷衍了事，拒不作出具體指示。蕭熙在一次校務會議上作出決定：俟後凡是修護廠任何文書或電話命令，一概置之不理。過了幾天，林威派人到學校通知蕭校長開會，適巧我在旁邊。蕭熙笑問：「什麼會？」來人說「業務會報」，各科室主管都要參加。蕭熙說擎天國民小學不屬於修護廠，出席這種會做什麼？來人說林廠長規定，明天下午二時準時到會，如果因公務不能參加，先寫報告批准。那人說罷便告別而去。

蕭熙氣得滿面通紅，半晌，發出一聲苦笑。于光啊于光，說書唱戲時常挖苦北洋軍閥張宗昌，笑他八圈麻將沒打完，派護兵叫火車司機等兩小時再開；笑他去女子師範視察，看見十名女生搶一個籃球，他把校長大罵一頓，馬上派護兵買了十個籃球，一人一個。這都是編造的故事，藉此諷刺軍閥愚昧無知。想不到現在還有這樣的軍閥。

走了張大帥，來了林大帥。我奉勸蕭熙不必生氣，從此我代表他去開會，任何分派任務拒不接受。我們也不必和他發生爭執。

壁上時鐘剛到一時五十分，會議室的座位已坐滿，而且靜悄無聲。李維篤手持卷宗，正緊張兮兮清點人數，他看到我，面色為之一變，輕輕走近我，喊嚓地問：「老于，蕭校長為什麼不來？」「有重要會議。」驀然，聽見文泰清理一下喉嚨：「各位請起立。」接著大聲喊「立正」，走近林廠長行了禮。一聲「請坐下」。會議室的空氣立即凝靜下來。

林威胖糊糊的，皮膚皙白，眉毛特粗，眼睛也不小，頗具將軍風采。首先，由文泰宣讀一篇蔣總統的講詞。由於摻雜文言，因而文泰唸了幾個別字，我暗自替他捏了把冷汗。唸完講詞，林威開始點名，點到「蕭校長」時，我站立起來，喊一聲「有！」

林廠長朝我看了一眼，低下頭，又抬起頭朝我凝望。

「你貴姓？」

「于。」

「哪個于？」

「于右任那個于。」

「你和于院長什麼關係？」

「毫無關係。」

「那你為什麼提到他？」

「讓你容易瞭解。」

「開玩笑！」林威翻臉如同翻卷宗一樣。他的福州話把「笑」說成「色要」，讓我聽起來滑稽有趣。「你看你的輕佻的樣子，怎麼能為人師表？你對你的長官、老師講話，都是你呀你的嗎？」

我不作聲。臉有點發熱，心裡卻很自然平靜。

「蕭校長為什麼不到？」

「他去縣教育局開會。」

「開玩笑！這裡的會報派你代表，他卻去教育局開會，這不是喧賓奪主？于……你要弄清楚，擎天國民小學屬於馬公東區，我是馬公東區最高指揮官，他不來開會就是違抗命令，我可以按照戡亂時期治罪條例，把他送軍法審判……」林威最後說：「這種人，把他弄走算了！」

蕭熙啊蕭熙，我說的不錯吧？走了張大帥，來了林大帥。中國近代史的官僚政客，如同走馬燈似的讓人眼花撩亂。若是你真生氣，會把你氣得口吐白沫，七孔流血，一命嗚呼。演員是瘋子，觀眾是傻子，若能真正想通這個道理，任何不合理的事都會處之泰然。散會回學校，我並未把此事告訴蕭熙，免得火上燒油，讓他更加憤慨不滿。

從此，每次修護廠開會，我一直代表參加。林威心中明白，但為了維護個人尊嚴，也無法再朝我發脾氣。接近快放暑假，傳出一件令人吃驚的消息，蕭熙調往望安國民小學校長。

許多教師對此事表示強烈不滿。林威是廠長，他憑特權將蕭校長趕走，這是全體師生難以彌補的損失。不少教師激動地議論著，有的還難過流淚。蕭熙剛到校時，由於他作風剛直不阿，大家都畏懼他，討厭他，給他取了「老夫子」的綽號。經過將近半年相處，大家瞭解蕭熙是一個非常善良、負責而且肯犧牲自我的領導人。像他這樣有智慧、有魄力的校長，鳳毛麟角，竟然受到無辜的打擊，那教育界還有什麼希望？

蕭熙發現教職員的不滿情緒，立刻召集大家開會。他認為工作調動是人事政策，不值得大驚小怪，何況他迄今尚未接到調職令，也許是空穴來風。蕭熙啊蕭熙，你未免太天真了，望安是澎湖最偏遠的一座島，坐小船要一整夜才駛抵馬公港。那兒住的都是漁民，學生水準普遍低落，飲水衛生條件差。從馬公本島調往望安，如同蘇武從京城派到風雪嚴寒的貝加爾湖畔牧羊一樣。

暑假開始，我們收到縣教育局調職公文，蕭熙被調到望安國民小學作校長，我被調到洪灣村國民小學當教務主任。事後從文泰嘴中傳出內幕：原先林威想將蕭熙和我一起調往望安，文泰為我講情，說我老婆種菜，家境不寬裕，林威心腸一軟，打電話通知縣長把我改調洪灣村安份守己做澎湖女婿。連澎湖縣長也聽他的指示，林大帥實在威風八面。

我因禍得福，但對林威非常不滿。蕭熙卻毫不在乎。他認為離開城市愈遠，人民愈加質樸可親，空氣更加新鮮，對於韜光養晦有一定的幫助。蕭熙是搭乘海輪去望安的。我們為他送行，看到他那充滿樂觀的笑容，我的眼淚不由地奪眶而出了。

回了洪灣村，我的生活開始輕鬆。像回到山東故鄉一樣。在漫長的暑假，我挑水、澆糞、洗菜、種瓜，過起愉快的農民生活。洪灣村是一個濱海的小村莊，我服務的小學僅有六班，總共不到五十個學生，六個教師，一個工友，一位五十出頭的洪掛校長，宛如一家人，像是掉進喜鵲窩。洪掛是阿雲的堂叔，師範畢業，不像我是肥皂刻的冒牌貨。他國語講的不錯，待人很謙和，我和阿雲結婚那日，洪掛和我倆同桌吃飯，所以印象很深。他沉默寡言，老是低頭吸新樂園煙，看書。

為了聯絡感情，阿雲在暑假期間帶我去拜望洪校長，他住在洪灣村最南端，屋前便是廣袤的原野。洪掛已知道教務主任調職，但不知誰會調來洪灣村？聽到我來，喜出望外。他叫人到外面買回冰鎮的汽水，端出剛煮熟的花生讓我們吃。洪校長說：過去的教務主任是女的，只教六年級算術，如今我來了以後，他會參考我的意願再作決定。他說縣教育局的官僚很討厭，不好應付，將來去開會要特別忍耐，因為人事經費權力操縱在他們手上，若是得罪他們一定吃虧。

我誠懇地說，為了把學校辦好，我一定盡心去做。

洪掛吸著紙煙，談起我和洪月雲的婚事。當初阿雲把心上人告訴了父母，兩個老人發愁難過，咋辦呢？女兒年紀不小，總不能老蹲在家裡。但是，她喜歡的男人，卻不是台灣人，年紀也不小，還有肺病，這怎是美滿的婚姻？

什麼是美滿的婚姻？他倆找我商量，我先給他們講課，提出問題。阿雲的爸不作聲，低頭尋思。阿雲的媽說，人品好、身體好、兩人有感情，就是美滿姻緣。是啊，這三個條件姓于的都有，雖說他目前住在肺病療養院，但是肺病會治好的。

「可是，姓于的是山東人。」她又想起一件大事。

「山東，坐飛機也不過三個鐘頭。等他和阿雲結婚後，你扣住他的身份證，不准他回山東。」洪校長的回答。

「他根本回不了山東。他一上岸，人家共產黨就抓住他，以特務名義治罪。」阿雲的父親說。

「行了，回去準備女兒婚事吧。」在一片歡笑聲中，結束了這個獨幕喜劇。

那年秋天，澎湖風季開始，阿雲懷了孕，她像小孩似的整天疑神疑鬼，總認為懷的怪胎。阿雲有一天趁我在學校時，她去媽祖廟燒香許願，若是平安生下嬰兒，不論是男是女，她將終身吃素。我再三勸告她，有無兒女，都無所謂，重要的是把身體保養好，那才是幸福。阿雲是受過教育的婦女，卻像著了魔似的，心理上承擔著沉重的壓力，幾千斤的磐石壓在她的身上。

「我真傻，我明知道自己懷了孩子，卻不告訴別人，連我家于有都瞞著……」阿雲時常提起懷第一胎的往事。講到傷心的地方，總是鼻涕一把淚一把的。她的悲痛的神情，使我聯想起魯迅創造的農村婦女祥林嫂。那是半世紀前的悲劇，時代不同了，婦女有了經濟地位，夫妻關係也發生翻天覆地的變化。阿雲如今還承擔著生兒育女的壓力，怎不讓我感慨萬千？

年假時，阿雲的肚皮脹起，眼泡腫、臉腫、腳腫得穿不上鞋，我騎車去馬公給她買回一雙棉布鞋。她臉上還起了不少青春痘，紅紅的，真醜。她咧開嘴向我幽秘地說：「這一回，是個男的，他們都這麼說……真的……我在廟中求的卦籤也是男的。」

「男的又怎麼樣？」我給她灌冷水：「如果你身體壞了，即使你生下八個男孩，我也不要你！」

「不要我，這是我的家。我有父母、兒子，照樣過得好。」

「那我回山東。」

「你怎麼回得去？我爸說，你一上岸共產黨就抓特務。」

阿雲的話，說來無心，但我聽來有意。離開故鄉好多年，連一封信也寄不出去，難道我這一輩子永遠回不了山東？若真的埋骨異鄉，我死不瞑目啊！于有好于有，對不起，我是跟你開玩笑。趕快用毛巾擦掉眼淚！眼看你就做爸爸了，哭什麼？你應該笑！

任勛回瀋陽以後，進了話劇團。也許演了不少齣話劇。偶爾從報紙上看到大陸的藝文消息。〈白毛女〉、〈血淚仇〉、〈龍鬚溝〉、〈明朗的天〉……任勛生活愉快麼？他在海峽對岸會不會想念我？……每當喝酒、聽到鞭炮聲、或是在燈下獨坐，我常想起返回大陸的任勛，若不是他為我介紹寫電影劇本，我難以和阿雲結婚。任勛啊，你是我終身難忘的朋友啊。

那天早晨，我剛從海灘買魚回來，聽到後面有人喊我，回頭一看，原來是西門慶！好久不見，他變得蒼老而憔悴，穿著一件破棉袂克，像個小老頭兒。一咧開嘴露出黃牙就開黃腔：「老于，你底下那玩意兒還管用吧？」他身後站著療養院伙夫，他是出來買菜的。

「你為啥還不出院，泡個什麼勁兒？」我問他。

「老于，我不敢出院。你知道我毛病，見了漂亮女人，老二就硬，連帶的血管膨脹。我有心肌梗塞毛病。他媽的，現在我不行了，老二完蛋了，就算潘金蓮脫得精光，我也只能看，不能吃……」他從衣袋掏出煙，捂著手點火，猛抽了兩口：「老于，你是文化人，見識廣……我問你，咱們啥時候反攻大陸？」

我沉默了。

「不是跟你開玩笑。老于，我真關心這樁事。若是再拖幾年，恐怕我不能跟你們一道回大陸了。」他的聲音有些哽咽。

「你當然不跟我們一道走，你坐海關交通船，帶著潘金蓮一塊走。」我故意沖散他的感傷情緒。

「去你的！人家講正經話，你卻扯卵蛋。」西門慶說罷掉頭走，「過年，我去你家吃餃子。」

「你說話要算數！西門大官人。」

西門慶已走遠，風大，他聽不見我的話。我心中正準備他過年來家吃水餃的事，誰料臘月二十三，我去洪灣村郵政代辦所寄信，碰到療養院的工友，才知道西門慶前天上午因心臟病急逝，他的遺體下午便已火化。很多病友還不知道，大抵每個人都沉浸在春節的思鄉情網裡吧。

臘月三十，阿雲宰雞殺鴨，我忙著寫春聯，剛吃過中午飯，阿雲覺得腹部絞痛，我趕緊雇了一輛汽車，送她去馬公醫院。路上，她緊攥住我的手，像生怕我跑掉似的。阿雲啊，你別緊張，你的預產期是正月初五，恐怕不會生吧？若是真的今天生孩子，往後每年吃年夜飯，就是為咱們孩子過生日，那才容易記。我忍不住想笑。阿雲啊，你哭啥，今天是雙喜臨門。不管是男是女，還是那句話，以後可別再懷孕了，瞧你這種受苦受難的神情，真教我難過、心疼。汽車駛進馬公市區，阿雲面色蒼白，已進入昏迷狀態。汽車開到急診室門前，用擔架把阿雲送進手術房，進行會診檢查。我在候診室像熱鍋上的螞蟻，焦灼至極。時間一分一秒消失，但卻沒有絲毫消息。手術房的門，比海峽對岸廈門港還要嚴密，我幾次想衝進去，看看阿雲的病況。她是我親人、妻子，你們醫生、護士憑啥把我關在門外？……

門忽然開了，露出一個女護士的面孔，她問：

「洪月雲家屬，趕快來！」

我茫然走進手術房，七八位穿天藍工作服的醫師、護士，圍立阿雲的身旁。她那美麗的、微黑的、健康的臉孔，已成為永遠的回憶。眼前的阿雲面如槁木死灰，如一個蠟人一樣。

「先生，別難過！她的血崩無法搶救。」一個台灣籍的醫師，撫著我肩膀安慰我。

我拿著阿雲「死亡診明書」，將她的遺體運回依山傍海的洪灣村。為了長相廝守，她的墓地在我的屋後。每當我獨坐書房寫作、看書，隔窗一望，便見阿雲的墳墓，彷彿她正向我微笑……

啥是「血崩」，多少年來，問過不少人，都講不清楚。阿雲去世，我心灰意冷，除了教書哄子孩以外，種菜、看海、寫點雜文，藉以發洩內心感情。我和外界幾乎斷絕往來。那年春天，我乘船趕赴望安島參加蕭熙的喪禮，偶然在他書房翻閱〈辭海〉，才發現「血崩」一詞：

中醫學病症名。又稱「崩中」。指陰道內大量出血，來勢急驟，猶如山崩，故名。多由沖任二脈不固，氣不攝血，或熱在下焦，迫血妄行，或瘀血內阻，新血不能歸經等引起。治宜益氣補血，固攝沖任，涼血消瘀等法。常見於功能性子宮出血，宮頸癌等疾患。

我抄完有關「血崩」的解說文字，驀然走進一位時髦中年婦女，楞了半晌，才認出來是蕭曼珠。

14.

若不是蕭熙病逝，我和蕭曼珠實在難以重逢。她去香港後，參加演出不少庸俗化、商品化的故事影片，最後嫁給一個英籍廣東商人，作了姨太太，終日埋葬在賭馬、喝酒與嘆息聲裡。去年聖誕節，蕭曼珠收到蕭熙病重的信，她決心跟那位富商脫離同居關係，搬回台灣定居。誰想到僅隔兩個月光景，蕭熙卻因胃部癌細胞擴散，撒手離開人間，這實在是讓她悲痛的事。

站在海岸，我向那煙籠霧鎖的台灣海峽眺望，往事結合了不少熟悉的朋友面孔，如今都消逝在茫茫的煙海裡。談起任勛，曼珠曾從海外和故鄉家人通信中，知道任勛進入〈瀋陽話劇團〉，演出幾齣話劇。文革時期，任勛參加〈智取威虎山〉樣板戲，飾演男主角楊子榮，紅極一時。後來他犯了政治錯誤，關進牛棚三年才獲釋放，至今任勛尚未結婚。

當年，蕭熙曾想撮合他們兩人結婚，但是雙方都沒興趣，結果落到這般情景。蕭曼珠在石塊上坐下來，從皮包中摸出紙煙，苦笑地說：「咱們這幾個人，只有舒淳混得最好，他做了經濟部次長，在台北買了大廈，聽說在金山濱海還有一棟別墅。有一個造船公司的人替他看管別墅，此人過去很威風，審過任勛……」

「余人傑？」

「對，安全室主任。聽說任勛出走以後，余人傑撤職，在台北做小生意，苦不堪言。舒淳收容了他，他才安定下來。」曼珠開始吸香煙，看她的吸煙神情，我看出她的生活並不幸福。

「林增貴，你還記得不？」蕭曼珠忽然提高了嗓門，笑起來。

「那個流氓，拐走了學校不少錢。」我回答。

「林增貴作了議員，還很紅呢。」

海風生氣了！怒吼了！海浪嘩啦啦朝著沙灘湧捲、翻滾。浪花濺在我的臉上，我嚐到了鹽的苦澀滋味。

蕭曼珠的話，如斷線風箏，愈扯愈遠……賈曲新活到九十高齡，臨終留下三位夫人，為爭奪遺產大打官司……牛濤移民美國，住在洛杉磯……過去馬公船舶修護廠林威廠長，如今是招商局董事長。李維篤現在是修護廠廠長。文泰仍是處長，滿口假牙，講起話來依舊愛引名人語錄……

海浪嘩啦啦湧泛不休。我已聽得不耐煩了。二十年來，我從沒聽過熟人的情況，時間的輪子輾碎往事的記憶，驟然聽起來覺得心驚。他們把我寧靜的心湖攪混了，攪亂了……

蕭熙的墓在一片月牙兒形狀的海邊，非常寧靜。坐在墓前石階，眺望海峽，聽那澎湃的浪濤聲，宛如十億背負苦難與憤怒的人民，正講述自鴉片戰爭以來民族的奮鬥史。這是蕭熙生前關心的話題。蕭熙常說，知識分子喚起民眾，用舌和筆，讓同胞真正獨立自主，奮發圖強，成為亞洲最富裕、最民主的一條龍。唉，他的心比炭火還熱，志向比阿里山還高，但如此一位博學的經濟學者，卻在這塊荒漠的小島，像蘇武牧羊虛度十九個春秋。沒有人關心他，沒有人照顧他，那些坐在縣衙門的馬褂兒，還懷疑他的政治立場問題……甚至舒淳也不幫助他。如今，蕭熙的個人檔案業已註銷、焚燬；過兩年，那愛喝酒、愛吹牛的小官僚們，都會忘記他的名字。蕭熙，猶如海峽的一條魚，消失了蹤影……

「為啥蕭熙在咱這邊起不來？」我不知從那兒獲得靈感，提出一個敏感問題：「曼珠，你在香港住，海峽兩岸看得清。你說說看，若是你哥留在大陸，他會不會受到重用？」

曼珠搖了搖頭。

黃昏的夕陽，最是燦爛奪目，一輪紅日，披上細白的舞裙，趁風搖曳。碼頭上的漁民、旅客和水手，穿梭不停，一艘將駛往馬公的小客輪，升火待發。曼珠送我到碼頭，從皮包取出一串珊瑚項鍊，苦笑說：「這是你送給我的。現在我老了，不用它了，還給你吧。」

「這——」我正躊躇，曼珠已塞進我的衣袋。

我有一個茫漠不解的問題，請你告訴我。老于好老于，你年輕時期，在天津，在塘沽，你常幻想有一天爬上輪船，乘風破浪，飄洋過海，去外面討生活，離開這討厭的國家！可你現在為啥留連忘返，甚至在這兒安渡晚年呢？……曼珠掏出手帕，輕抹眼角。老于，當初我捨不得離你而去。我生你的氣，生陳茜的氣，我真不懂你為什麼留戀澎湖？她激動地說不下去了。

碼頭上的人愈聚愈多，大半是送行的漁民。有的抱起親人肩膀，千叮囑、萬叮囑，久久不忍離去；有的熱淚盈眶，眼望著親人步上舷梯，手不停地揮動，嘴巴依舊大聲呼喚親人名字……這一幅生離死別的畫面，我看的實在太多了，我的心已經痲木了……

小珠啊小珠，我在澎湖呆了這麼多年。人不親土親，何況住久了人也親。我娶了澎湖姑娘洪月雲，有了岳父、岳母……做了這麼多年小學教師，成千上萬在我身邊長大的孩子，如今有的是技術員、漁民、工人、教師或醫生，他們散佈台灣各地，創業成家。小珠啊，我和你哥一樣，桃李遍地，這是我的精神安慰，我活得有滋有味……

蕭曼珠終於破涕為笑！

客輪鳴起了汽笛聲，那是催促旅客登船的信號。

你有啥願望？老于，看我能不能幫忙？

小珠啊，你幫不上我的忙。臨死以前，只想回黃河下游看一眼，那是我出世的地方。雖說我從小是個孤兒，可總不是打石頭縫裡蹦出來的。……說著，自己嗚咽成聲了。

那夜風平浪靜，明月格外皎潔，照耀客輪全速航行。憑欄欣賞月下海景，朦朦朧朧，如夢如幻，美得讓人沉醉。我依稀地看見連綿起伏的高山峻嶺，浮現在台灣海峽中間，兩岸親人隔海揮手、哭泣……淚眼迎風，驀地想起陸放翁的詩句：「死去元知萬事空，但悲不見九州同」。猛抬頭，那一輪金黃色的圓月划出薄雲，把台灣海峽映照出一片廣袤平坦的大道。我激動地哭起來：「統一吧，祖國！」

尾聲

海風漫天漫野地吹，那單調的、惱人的、忽高忽低的，催人入睡的風聲，對於于半仙來說，早已習慣了這種熟悉聲音。小孩沒娘，說來話長，從于半仙搭輪船抵達馬公港，一住竟是四十三年，他已經成為道地的澎湖人。不過，他的身份證籍貫欄內，填的「山東肥城」，每年戶口校正，那位熱心腸的戶籍員總問他：「籍貫要想更改的話，可以申請。」于半仙謙虛地笑起來，眨巴著兩隻盲眼說：「雖說家鄉沒有一個親人，我從小是孤兒，可也不能更改籍貫，有奶便是娘啊。」戶籍員一伸舌頭，收歛笑容，嚴肅地說：「你家鄉照顧不了你，卻可以管得了你。聽說社會主義反對封建迷信，將來統一以後，你搞算命這一行，恐怕受到批判吧。」于半仙眨巴起盲眼：「別想那麼遠，我怎能活到統一那一天？」戶籍員喃喃地說：「媽祖會保佑你，你一定健康長壽，像洪灣村的大榕樹一樣。……」

到了風季，于半仙的生意開始冷清，門可落雀，十天半月不見人影，他過起土撥鼠般的隱居生活。遇到日暖風和天氣，他披上袂克，戴上太陽鏡，拄拐杖摸索到村頭媽祖廟前大榕樹下，吸香菸，和村裡老年人拉家常。他看不見浩瀚無垠的海景，只要聞著新鮮而帶有海水腥鹹的氣味，他的腦海便湧泛起澎湖海峽美麗的記憶。那時，他會專心一意面對海峽，張大了嘴，吸取海洋的氣息，甚至還會旁若無人，引吭高歌：

女郎，單身的女郎，

你爲什麼留戀

這黃昏的海邊？

女郎，回家吧，女郎！

啊不；回家我不回，

我愛這晚風吹。……

大榕樹下的人，豎直了耳朵，聽他唱歌。下象棋的老漁夫低聲說：「他唱的歌，一定是想念家鄉。可惜他瞎了兩隻眼睛，再也摸不回去了。跳馬──將軍！」對方把老將撥出去，棋勢風平浪靜，悠閒地點上一枝香菸，轉頭瞅了算命先生一眼：「老于！你算算看，大陸跟咱們台灣，到底能不能統一？」

「能。」于半仙毫不考慮地說。

「什麼時候統一？老于，你說。」靠在大榕樹幹上的一個中年漁民，略帶譏諷的語氣問他。

「不要急，心急喝不下熱黏粥。等我于半仙升天的時候，海峽兩岸就統一了。」他說完這句話，拄著拐杖向家走。大榕樹下的村民沉默起來。等老人的身影消失在木麻黃中，才揚起一片奚落的笑聲……

開放探親那年，于半仙雙目尚未失明，那時他思鄉心切，恨不得馬上整理行囊，趕快還鄉。但等冷靜一想，從小是孤兒，十來歲便離開村子到濟南混；如今回了村子，又有誰再認識他？加上當時返鄉探親的人，打腫臉，充胖子。穿上西裝禮服，打領帶，黑亮的皮鞋照出人影。隨身帶的三大件、五小件，猶如在異鄉發了洋財，衣錦榮歸一般。于半仙想，我這個眼昏昏的瞎子，既無積蓄，又無妻子兒女，穿著這件油漬的破裌克回去，那豈不丟人現眼！

于半仙像莎士比亞筆下的丹麥王子哈姆雷特，優柔寡斷，瞻前顧後，To be or not to be，一晃眼工夫，兩三年過去了。

于半仙雙目失明，終於下定決心：為了解決晚年生活問題，他擺卦攤，替人卜卦算命，村裡人同情他，幫他把客廳修飾一番。掛上幾幅錦旗，擺上香爐供具，取了個江湖味的「于半仙」名字，擇吉開張。于半仙開業伊始，生意興旺。九十年代初，在「台灣錢，淹腳目」的現況下，人民大眾的心靈愈加空虛，因而算命這行業大發利市，不少從台北、高雄來澎湖觀光的旅客，聞聽洪灣村有個于半仙，紛紛前來算命問卜，終日擠得水洩不通。于半仙心裡嫌煩，規定每日下午一至五時接納來客，其他時間休息。許多村民批評他太古板，但他卻自有主張，不為所動。

漫長的風季，于半仙過得並不舒暢。過去他常發愁缺錢使用，如今能賺不少錢，他反而覺得厭煩。坐在籐椅上，想起自己到了晚年，以算命為業，這變幻無常的人生，真讓人感慨萬千！

少年時，他在濟南結識了一位擺卦攤的，那人不是瞎子。長得天庭飽滿，溫文儒雅，是一個落拓的舊知識分子。兩人成為忘年交。他從這位長輩口中，學習了有關算命秘訣：「開口帶笑，防毛防燥。有問宜緩答，無話莫新生。上屋訪下屋，對門訪對門，久坐家風現，閒談消息靈。」替人算命，背熟四字訣，即可開業。四字包括「趕」、「籠」、「拷」、「打」。

先說「趕」，若以現代術語而言，就是「搜集情況」。先看或聽他的神情，推測對方心事，然後順蔓摸瓜，進一步「逼供」。你不妨用模稜兩可江湖話，說什麼「白虎當頭，心神不寧，想到做不到，看到拿不到」，把對方心內的苦衷「套」出來，再給他「對症下藥」。

「籠」者，哄騙也。看對方是士農工商、軍眷或女企業家、老處女或寡婦，先說奉承話。嚴守「小誇、中奉、老不死」原則。對少年說「貴命，但幼時多病」，中年說「吉星在命，當心小人，出門小心」，對老年人則說「命中壽高，定有貴人相助」等話。

「拷」者，追問也。應以旁敲側擊、模稜兩可的話，讓對方主動發言，向你訴苦，並設法使他以後時常找你，這樣才會生意好，多賺錢。

「打」者，嚇唬也。這是算命先生重要法寶。凡有人來算命，你一定說對方遇上「刀關」、「火關」、「鬼關」、「白虎關」，或碰上什麼「掃巴星」、「天狗星」、「水厄星」、「外星人」，你要嚇唬他，進而威脅他，要叫他求你「破關」、「改運」，這是你剝他錢包的最好時機。

過去，于光非常討厭算命這種行業，即使人家不取分文，他也懶得走近卦攤。因為他懂得算命的秘密。山東有句諺語：「人不到八十八，別笑人家瘸和瞎。」他年屆七旬，兩眼患白內障而失明，做了算命先生。這一向被他譏笑的江湖行業，卻成為他以此餬口的職業，怎不使他感到悲哀呢？

那日，農曆冬月初九。清晨起床，于半仙漱洗完畢，走到供桌前，燃上三炷香，作揖，默默跪地。嘴中喃喃說：「娘呀！今天是您老人家的祭日，六十二年以來，咱國家發生翻天覆地變化，娘在陰間平安麼？娘啊，您別擔心兒子沒兒沒女，為咱于家斷了香煙，這是封建思想，天下沒兒女的名人多得是！美國的華盛頓、德國的恩格斯、宋慶齡也沒後代；文革時期被政治迫害的彭德懷、浦安修夫婦、吳晗、袁震夫婦、潘漢年、董慧夫婦，他們事業功績都比兒子強百倍，兒子斷絕于家煙火，有啥遺憾？娘呀，您放心！大江大河，槍林彈雨都渡過了，如今你兒子成了算命瞎子，可也不會受驚嚇了。你兒子一定平平安安活到九十九……」

于光摸索到廚房做飯。風大，吹得木麻黃吱吱響。早餐是大米稀飯、炒花生米、荷包蛋，原來他受吃醬菜，為了防止血壓升高，近年來已不再吃它。飯後，沏上茶，聽得外面來了客人，他用濕毛巾擦了一把臉，心想：為啥這麼早就有人來算命？

「老于，你眼睛啥時候瞎的？」

走進客廳，他嗅到一股女人的香水氣味，混合著香菸味。聽到蕭曼珠聲音，如同被電流撞擊一下，差一點栽倒在地上。

「于光，你真可憐！咱們都是……大時代的可憐蟲……我不會寫劇本，我也不會寫小說……要是我能寫，我一定寫出這個悲劇。」蕭曼珠激動地說著，終於啜泣起來。

于光談起當前文學市場，苦笑、搖頭。「小珠子，即使你把它寫出來，哪個刊物給你發表？色情、鬼怪、封建迷信，小市民低級趣味；人心麻木了，人的眼睛都是黃澄澄的，塗染了金子的光采，像巴爾札克筆下的老葛朗台一樣……」他有些激動，但卻又展現出和藹的笑容，恢復了平日的神情。

「我做夢也沒想到你成了算命瞎子。」她的聲音像哭，也似笑，撲朔迷離，讓人摸不清楚。「老于，我咋不知道你會算命？你啥時候學的？」

「別問這些。我是騙子！」他誠懇地說。

「到處都是騙子！在台上的，在台下的。天下烏鴉一般黑。媽的！」蕭曼珠罵起來。

于光問起她別後生活，她在香港、台北電影圈混，嫁給一個搞道具的廣東佬，因為演戲生活晝夜顛倒，寅吃卯糧，她患了胃潰瘍，胃切除了三分之一，瘦得像風乾雞。反正于光雙目失明，在他記憶裡，蕭曼珠永遠像孔雀展翅般丰采和驕傲。

「你先生待你好麼？」于光喝了一口茶，帶著無比關懷的心情問她。

對方長嘆一口氣，並未作聲。半晌，她嚎啕大哭，如突來的暴風驟雨，于光摸索走近她，撫摸她的頭髮，撫摸她的淚臉，又從她手上拿手絹擦她的眼淚。驀地，蕭曼珠熱情地投進他的懷裡，像一盆火，燃燒起來。小珠子，小珠子，別忘記我是瞎子！我不希望你對我這麼好……她用兩片熱唇堵住于光的嘴，使他無法講話。多少年相思的痛苦，都溶化在這溫柔而甜蜜的長吻中。她坐起來，終於說出心底的話：于光啊于光！我跑遍了台北、澳門和香港，看遍天下的男人，只有你英俊魁偉、見多識廣。別說你兩眼失明，一片茫茫；你肚裡裝下千萬隻螢火蟲，可真明亮！小珠、小珠、小母豬！你在哪兒學的油嘴滑舌灌米湯？灌得我手足無力、心裡發慌。于光呀，人只要頭腦清晰，眼盲心不盲。中國陳寅恪、俄國愛羅先珂、日本漢學家搞保己一，都是盲人，他們的偉大成就是何等榮耀、輝煌！

聊到中午，蕭曼珠親自下廚房為于光做飯。炒了一盤蠔油牛肉，下油重，味道稍鹹，道地廣東菜。于光吃得多，讚不絕口。不過，他還是提出批評意見，總覺有些酸味。蕭曼珠使筷子輕敲他的手，罵他：「酸你的頭！我跟那個老廣早分開了！我跟他一起拍〈乾隆下江南〉，前後不到一年。你吃哪一門子醋？」說著，兩個人哈哈大笑。

澎湖深秋的風季，蕭曼珠帶于光渡海去望安島、漁翁島，也遊逛了林木叢鬱的林投公園。蕭曼珠在澎湖停留三日，最後噙著熱淚而別。臨走，蕭曼珠叮囑于光保重身體，等明年農曆四月初八于光七十週歲，她從香港趕來為他祝壽。

雖然他和蕭曼珠年屆古稀之年，兩人相聚三天，形影不離，卻也惹起洪灣村民的閒言閒語。有人說女的是于半仙年輕時的情人，過去同在話劇團共事；有些人認為女的面貌雖美，但骨瘦如柴，可能吸食安非他命；最無聊的則是有人打賭，這兩個老傢伙睡在一起，到底有沒有發生肉體關係？漁民在漫長的風季，不能出海作業，悶在屋裡無聊，只有撥弄閒話藉以消磨時光。

那日，于光坐在媽祖廟前晒太陽，海風吹得大榕樹婆娑作響。掛在樹枝上鳥籠中的鳥，唧唧喳喳不休。于光點上一枝煙，聽一位常下象棋的老頭兒，嘆了一口氣，自言自語：「兩岸統一也好，不統一也好，跟打魚的沒啥關係。不管這邊，還是那邊，都不會心疼打魚郎。王永慶到廈門投資設廠，福建省委親自去機場接他。兩個人見面比兒女親家還熱糊呢。」

于光聽了想笑，卻笑不出來。

「人家待他親熱，是禮貌。生意不成仁義在，這也是中華文化。」另一個接著說。

「不管怎麼說，我不希望統一。統一了，咱們就沒安靜日子了！到那時候，這棵大榕樹底下一定坐滿了人，至少要坐七八百人，小孩哭，大人鬧，豈不吵死人？聽說大陸上有十六億人，他們故意少報了五億，怕聯合國笑它。」

「啊！十六億，一人吃一條魚，要吃十六億條魚，不到半個月，大陸同胞就把台灣海峽的魚統統吃光。台灣有這麼多人願意統一，咱不明白他們怎麼想的？」

「不統一，老鄧不願意。他們會派軍隊打過來。」愛下棋的老頭兒說。

四週晒太陽的漁民沉默了。彷彿怕惹禍似的，誰也無法解脱這個難關。于光雙目失明，雖看不見他們面部表情，卻猜得出每個人臉上浮現出愁容，那一層層、一道道黝黑的皺紋，不停地在顫抖，猶如臭泥溝的蚯蚓在蠕動。

「打就打，誰怕誰？即使雞蛋碰石頭，咱豁上老命也得跟他拚！」終於有人發出激昂的聲音。

大榕樹下的空氣頓時活躍起來。鳥籠裡不知名的鳥，拍打翅膀發出歡悦的啼鳴。棋子撞擊棋盤聲音，伴和著低沉的獨白。海浪湧捲嘩啦啦聲響，不時傳送到于光的耳朵裡，他昏然欲睡。

「老于，唱歌吧！再來一段啥女郎。」下象棋老頭兒慫恿他。

「女郎走了，老于沒心情唱了。」有人起鬨。

于光並未入睡，他眼前展現出戰火紛飛、哀鴻遍野的悲涼畫面。若真有那麼一天，兄弟鬩牆，台灣海峽發生戰爭，兩岸同胞再度分裂，恐怕又得割離四十年，甚至五十年，反正他是看不到民族分裂的悲劇了。于光越想越遠，禁不住熱淚盈眶，暗自啜泣。這突來的情感變化，使四週的老漁民感到詫異，他們不知道該用什麼話語安慰他。

「別難過，老于！人生在世，不過幾十年，何必看得那麼認真？那有多傻！」下象棋的老頭兒說。

「老于！唱吧！唱女郎。」另一個說。

于光顫巍巍站立起來，用袂克袖口擦去眼淚，轉身朝那棟破舊的房屋走。海風吹越澎湖海峽，不時飄來一股新鮮的腥鹹氣味；不久，聚集在大榕樹下的老漁民聽到于半仙瘖瘂的歌聲，那是隨風飄揚而來的。

黑夜吞沒了星輝，
這海邊再沒有光芒；
海潮吞沒了沙灘，
沙灘上再不見女郎，
再不見女郎……

風季統治了澎湖海峽。風季如同黑夜吞沒了星輝。洪灣村村民躲在家裡補漁網、做家事，只有幾位年長的老漁民，遇到晴朗好天氣，不約而同聚集媽祖廟前大榕樹下，下象棋、聊天，或看海。日子過得寂寞而無聊。偶而有人提起于半仙，扯開嗓門說：「老于很久沒露面了，是不是他去了大陸？」下象棋的老頭兒捏著一顆黑卒，帶著戲謔而善意的口吻說：「依我判斷，老于金屋藏嬌，不肯露面，一定是他香港那個老相好來了。」大榕樹下，揚起一片歡樂的笑浪。

到了年底，洪灣村民到小學投票，選舉立法委員。卻不見于半仙的影子。

春節期間，村裡有年輕人去給于半仙拜年，只見大門關閉，也沒貼春聯。這證明他確實去了大陸。不少村民記得，每值年節，于光談起往事時常落淚。是啊，離家四十載，縱然于光故鄉已無親人，他的心還是繫念家園。現在可以前往大陸探親訪友，他返鄉是合情合理的事。唯一使村民納悶的是誰陪伴他回去的？

元宵節夜晚，媽祖廟前非常熱鬧。香燭繚繞中，不少青壯年聚在一起賭錢，忽聽見從于半仙住的獨立家屋傳出尖銳的驚叫聲！十幾個漁民跑去看個究竟，老遠，他們嗅到一股臭味，只見大門虛掩，有人破門而入。進屋打開電燈，引起一陣騷動，有的浩嘆，有的落荒而逃。于半仙懸在屋樑，面色焦黃，像個蠟人一般，舌頭伸得老長，或許由於他雙目已盲，看起來神色卻也泰然自若，並沒有流露出半點怨恨或憤慨的情態。他面對台灣海峽，彷彿在等待風平浪靜的一天……